心靈工坊 |PsyGarden|

Master

[illegible]現象的描述與詮釋
有著源遠流[illegible]長，有著素簡華麗的現代議題
構築一座探究心靈活動的殿堂
我們在文字與閱讀中，找尋那奠基的源頭

思想觀念的帶動者

文化現象的觀察者

本土經驗的整理者

生命故事的關懷者

懂得的陪伴

THE POWER OF UNDERSTANDING AND BEING

一位資深心理師的心法傳承

A Mindset from a Senior Counseling Psychologist

曹中瑋
著

目錄

第四章　心理諮商的執行面　199

【推薦序1】

手把手教的老師傅

楊蓓／法鼓文理學院特聘副教授兼生命教育學程主任

思量許久，決定以「老師傅」為題，作此序文。

都說助人工作是一門藝術，更多的感慨之下，我會說這是一門手工藝，必須近身、貼近、感知、琢磨，在日積月累的沉澱之後，感通人與人、人與環境、人與現象，即便沒有手把手師徒關係，也是善財童子五十三參的歷程，所以，助人工作者在這些因緣中，雖然名之為助人，卻也造就了自身的修練，練就一身的功夫，直到生命圓滿。

這本書，就是中瑋畢生修練的耳提面命。

認識中瑋，是在那個解嚴後，大學法修法的年代。當時，北區各大專院校的學生輔導中心（當時尚未更名為心理諮商中心）主任形成聯盟，為建立並維護高校心理專業制度而努力，中瑋是其中戰友之一，樸實、犀利又堅忍，讓我印象深刻的是，她熱血中有著滿溢的助人情懷，是一位校園心理諮商制度的捍衛者。

多年後的一個晚上，與她在中山堂前的樹徑中偶遇，月光下，臉色有點蒼白。知道她剛度過生命中的生死關卡，然而卻是在虛弱中剛下課。心裡一陣酸楚，卻也說不出更多的善言巧語。心裡明白，這酸楚是我們共有的，因為經歷了太多助人工作歷程中的身心疲憊，只能說，這就是走過人間疾苦的代價，無怨無悔，只能是給自己的交代。

後來，聽說中瑋退休了，轉換跑道之餘，專業投入的力道更是直接了當，聚焦完形、非學院式的培訓與實踐。這一生命篇章應是中瑋靈魂中的自由本色，深刻、悠遊卻伴隨著曹氏爽朗而溫厚的關懷。偶有機會，一起口試論文時，親炙她圓融的犀利，忍不住讚嘆生命的轉化是何其神妙，由年輕到老，有些核心是不變的，但是歲月的確映照了涵容與修練的成果。

這本書，看見一位老師傅手把手地教著。沒有教條，只有自身經驗點點滴滴匯聚而成的提點，其中不只有工作心得，更有生命的省思，透著「人」與「專業」的融合，讓我想起武俠小說中常說的「人劍合一」，和禪修歷程中的「統一境」，所以，這本書要以「祕笈」來看待，有緣、有心的人終究能逐漸參透。

老師傅，這個專業領域中，有你真好！

【推薦序2】

懂得的陪伴者

謝文宜／實踐大學家庭研究與兒童發展學系教授

每次在不同場合見到中瑋老師，我總會很開心地過去打招呼，說上幾句話，然後就趕快退出，因為知道等著要跟她講話的人還很多。生性害羞的我，會在某個距離外看著她，心中總會浮現一種喜悅之情。這實在很奇妙，其實跟她並不是很熟，卻又有種親切的熟悉感，彷彿見到自己很喜歡的親友般。她適度的溫暖、平和穩定的能量、敏銳的觀察力與同理心，以及那抹充滿智慧的微笑與真誠一致的回應，都讓我極為欣賞。然而，我更感佩的是她努力提攜後輩的意願與對於公眾事務的關心。她對於來到她面前想要學習的學生或心理師，總是不吝分享所知道的一切，從不藏私，而這也是這本書極為珍貴之處。

在閱讀這本書的過程中，讓我忍不住頻頻點頭的就是「心理師這個人」那一章，尤其當她提到心理師養成過程中個人修練的重要性時。我自己也是在諮商研究所授課的老師，當我在帶領碩班一年級的心理諮商技術課程時，學生們總是飢渴地想要多學習各種助人技巧。如果我花較多時間談論自我覺察與成長的重要性，或是一直回到「如何同理」的練習時，會發現有些學生顯得不耐煩。他們似乎迫不急待想要學習更多進階的技術，總覺得要身懷各種技巧才能脫穎而出，殊不知，有些看似不怎麼特別的基本功才是最難，也是各種進階技巧奠基之處。

就拿同理心來說吧，中瑋老師也在「心理諮商工作執行面」那章花了不少篇幅細細詳述。其實我覺得同理心最重要的並非有沒有找到最正確的話語來回應當事人的情緒，而是我們的心有沒有真的與當事人同在。有些學生在演練時，「講」得都很好，但卻讓人感覺不到那份真心；而有些學生，雖不善言辭，但僅是靜靜坐在那裡，那個眼神及陪伴就能讓當事人放下心防，紅了眼眶。中瑋老師說她覺得心理諮商是一種「懂得的陪伴」，看似簡單，其實能夠真正「懂得」，並給出當事人當下最需要的「陪伴」，卻是不容易的修練啊！

這本書除了提供許多中瑋老師在諮商上的 know how 之外，相當吸引我的一個部分，是她提醒心理師們要去探究並理解社會文化對於自己以及當事人的作用力，更進一步討論它對於我們在情緒展現上的影響。這讓我想起多年前，一位從小在美國成長的朋友和她的台灣丈夫回台接受婚姻諮商的事。這位朋友想要離婚，但是丈夫並不想。有一天她打電話給我，說她對這位婚姻諮商師感到很失望且生氣，因為她覺得這位諮商師一直忽略她所表達的痛苦以及想離開的原因，卻不斷放大丈夫因為不想離婚而做出的正向改變，企圖說服她留在婚姻中。我還記得她哭著問我：「這就是所謂的本土化諮商嗎？就可以這麼不重視婚姻中個人的感覺與需求嗎？」

我相信這位諮商師是心存好意的，只是他恐怕忽略了這其中潛在文化差異的影響力。當看到中瑋老師提及，有些被社會文化認定的美好特質在諮商中反而難以鬆動，我再次點頭如搗蒜，因為那樣的改變真是需要累積足夠多的勇氣與決心才有可能發生的。舉個我現在回想起來仍然忍不住微笑的例子。在美國讀書期間，有位台灣來的男同學告訴我，說我是他見過最溫柔的女生，從此，這就像一個金箍咒一般框住了我，讓從小被教導要溫良恭儉讓的我在那段期間，尤其有那個男同學在的場合，幾乎完全無法有任何「不溫柔」的表現。但是，為了成為一位「最溫柔」的女性，我究竟失去了多少真實的自己呢？

這也讓我想到中瑋老師所談到的，關於諮商歷程的時機掌握的重要性。有些時候，心理師需要調整、甚至停下自己的腳步，來配合或等待個案，在他們準備好往前跨出下一步時，才是前進的適當時機。我想，若是當年的我要突破「最溫柔的女性」的框架，恐怕也是需要一段相當的準備時間的。假使當時有心理師建議我，要勇敢表達不滿，在我尚未準備好時就建議我這麼去做，那個後座力也許會讓我再次退縮，覺得繼續當那個最溫柔的女性比較安全。

中瑋老師也提到社會文化對於情緒展現的影響，那也是書中我覺得很欣賞且頗有同感的部分，特別是「委屈」和「羨慕」這兩種情緒。我多次在跟美國督導談個案的時候，針對這兩個詞，總是找不到適合的翻譯，甚至努力形容也很難表達到位。但透過中瑋老師用文字分享她的觀察與理解，讓我有種「終於有人將自己在實務工作上的觀察講清楚了」的喜悅，也更深刻地看到因著文化的影響，我們用了多少能量在隱藏、壓抑自己內在較不為社會接受的所謂「負面情緒」。

以我自己來說，我也是個從小就被教育成不會生氣的人。我在學習諮商的過程中，才終於漸漸讓自己跟生氣這個情緒重新連結。記得剛開始能夠覺察到自己的生氣時，才驚覺自己有多會生氣，連一些以前覺得沒關係的小事，我也能感受到自己很憤怒。那段時間，我甚至開始對真實的自己很失望——原來那個「最溫柔」的女生是這麼愛生氣！而我也花了好一段時間，才慢慢去理解並接受自己內在生氣的部分，並開始學習如何表達。還記得當時我正擔任系主任，有一次在電話中，因為對方的不尊重而感到相當生氣，也鼓起勇氣認真表達了自己的感覺。掛完電話後，我居然又擔心自己剛才會不會太兇了，便詢問在同一間辦公室的秘書。我永遠忘不了她的回應，她說；「主任，沒問題的，因為我跟你相處比較久，所以我知道你生氣了，但是我相信對方不會感覺到的。」猶記得當時愣在那裡備感失落的自己，這才知道表達生氣還真需要練習的。至今，我也還持續練習著。

中瑋老師將她多年來在心理諮商領域所學習過、體會過、經驗過的領悟與累積的智慧，藉由此書娓娓道來，與後輩們分享，我覺得她不只是一位極優秀的資深心理師，更是位願意全心全意傾囊相授的好老師。在閱讀此書的過程中，我也感覺自己被她溫和且堅定地陪伴著，去探索如何成為一位更成熟的心理師。中瑋老師，謝謝您無私的分享與傳承，讓我們多了一本極佳的教材，期待能因此造就出更多「懂得的陪伴者」。

【推薦序3】

永遠站在個案那一邊

周慕姿／諮商心理師、作家

認識中瑋老師，是我就讀國北心理諮商所碩二的那一年，第一次上中瑋老師的課，也第一次接觸到完形諮商。以當時我極為淺薄的諮商知識與功力，要認識一個學派談何容易？但我卻在那堂課中，接觸了想要一輩子學習的學派。

在那堂課，我自告奮勇要當該堂的個案，於是在中瑋老師的引導下，經驗了我人生第一次的完形實驗。

當時課堂上進行的，是中瑋老師自創的兩極工作，也就是：找出性格中兩個相對應的性格特質，其中有一方可能是主流價值或社會自我較為崇尚、鼓勵表現的特質；而另外一個特質，比起主流的特質，雖然可能還是會被使用，但比較被壓抑，甚至是被自我否定的。

中瑋老師與我們分享：當有一方的特質比較被崇尚、被放大，另一方比較被壓抑、被否定時，我們的能量可能會偏頗，內在的「主人我」（也就是在此書中，中瑋老師談到的「主體性自我」），有時甚至會被該特質壓抑，使得某一方面過度被發展，而某些方面則過度被限制。

對於完形諮商來說，自我的追尋過程中，最終都是為了要認識、接納「完整的我」，這個概念類似於榮格所說的「個體化歷程」。因此，藉由這樣的「兩極工作」，可以幫助我們去理解自己過度發展與過度壓抑的特質，從而認識自己，讓「主人我」找回主控權，讓兩邊平衡，進而學會自我接納，讓自我完整。

該次的實驗讓我發現：我內心有一個很嚴格、要求完美、執行力強的特質，我把它稱之為「英國教師」；另外有一個興趣很廣泛、很會講話、表現自己的特質，我把它稱之為「業務員」。在過往的成長經驗，與母親、師長的回饋下，我認為「英國教師」對我是很有幫助的，卻很討厭「業務員」的那個特質。

但諷刺的是，從小為了要演講、作文比賽，甚至許多對外需要表現自己的場合時，我常使用「業務員」的特質。也就是說，我雖然討厭這個特質，但覺得它有時很有用。

當時中瑋老師聽著我的描述，對我說：「他（業務員）真是辛苦，時常被你使用，卻被你覺得不夠好、需要藏起來，是嗎？」

我點頭，但其實我從未想過這件事。這時，老師又問了我一句：「你覺得他不夠好，需要被藏起來，是嗎？」

我點頭，但我不知道為什麼，覺得很悲傷。

我的眼眶慢慢紅了，老師看著我，說：「你好像想到了什麼？」

我點點頭，我想到了我爸爸。這個很會表現、很會講話，很吸引人但是被我認為只出一張嘴的特質，就和我對爸爸的想像一樣。周遭的大人常跟我說：「你跟你爸爸很像，他會的東西很多，但就是眼高手低。」

這個特質就是我不管多努力認真，生命中都沒有辦法擺脫的那個But——那個我認為不夠好，總是因此遭到否定的那部分。

我將這個部分的特質投射到我與爸爸類似的特質上，與其他大人一起，利用著這個它來得到關注與被肯定，心底卻又瞧不起這個它。

當時的中瑋老師，就這樣和我在一起，聽著我內心的挫折與自我否定，也引導著我看到「業務員」這個特質的努力與無辜，甚至，看到我自己的努力與無辜。

一向好強的我在課堂上哭得像孩子一樣，但我記得，當時老師並沒有給我太多言語的安慰，卻讓我感覺到：她整個人陪著我——我感受到無條件地接納與愛。

那時候我決定：「這就是我想要的心理諮商，我想要跟著這個老師學習，我想要學完形。」

碩三之後，在一次的因緣際會下，我終於有機會成為中瑋老師穩定督導的學生，也在老師的督導之下，往心理諮商之路前進。我從老師身上學會許多實務技巧與知識，例如我在《情緒勒索》一書中談到的「情緒界限」，就是師承於中瑋老師的概念。我的許多諮商的世界觀、價值觀的形成，也都源自於中瑋老師帶領我認識的完形諮商。

但對我來說，最讓我感到欽佩與尊敬的，不僅僅是中瑋老師的學識，而是中瑋老師的為人，完完全全地貫徹著「無條件接納包容」、「人我界限」與「自我清明」：清楚自我的狀態，永遠都站在個案的這一邊，帶著理解接納且清明的眼光，陪個案去探索自我的每一個角落。

中瑋老師不僅僅是台灣完形諮商的推手，是學識、實務、人品都讓人欽服的心理諮商界大前輩，對我來說，更是我心中極為尊敬的恩師。這次聽聞中瑋老師願意為了年輕心理師，集結自己多年的實務經驗，寫下這本《懂得的陪伴》，深感佩服。閱讀此書時，不只過往上課、接受老師督導的經驗歷歷在目，也發現這本書中的內容更加深化，架構清楚，卻又深入淺出。想必老師是投注許多心力，才能讓這本書在實用之餘，又能符合年輕心理師的需求。這本著作，是所有初踏入心理諮商界的心理師必讀之作，非常誠懇地推薦給大家！

【自序】

不只走到目的地，更盼說出如何抵達

那天上午，我諸事不順以致出門晚了，發現已無法如往常般搭大眾交通工具前往工作場所。於是，招了計程車期盼能準時，或至少只遲到一點點。但上了車，司機問我要到哪，我竟然說不出我工作的諮商所地址，甚至連描述大概位置也有困難。手邊也找不到諮商所的聯絡電話，只能先向司機說個大致方向，趕忙上網查。然而網速超慢，幾乎處在當機的狀態，讓我焦急萬分！更懊惱自己怎麼不記得工作十多年諮商所的地址！不然也該有張名片或什麼的……

這是我前幾年，每當處在高壓力之下時容易重複做的夢。夢的內容大同小異，有時是拜託家人臨時開車送我，還有一次在路上攔車想搭便車過去。但每次也都既困惑又自責，怎麼也說不清那熟悉到不行的工作地點。

最特別的是，雖然有一半的夢，在沒到達目的地時，我就醒了，但我知道我要去的那間夢中諮商所都是同一個——一座獨棟兩層樓的房子，位在一條清澈小溪附近，門前有一小片草地和矮樹叢。我平日都是搭公車，再散步一小段路去的，因太熟悉，根本不用想就能順利抵達。這並不是我在現實中工作的，或曾經去過，甚至參觀過的任何一間諮商所。

我猜想，那是我夢幻的工作場所，或說理想中的工作方式——一個我很喜歡也相當熟悉，閉著眼也能走到的地方。但是，我卻不知如何告訴他人怎麼走去那裡，也無法清楚描述抵達那邊的路徑。

不記得是兩或三年前，有天在夢中，我終於在包包裡拿出那間諮商所的名片，順利讓司機準時送我到達，從此也就不再做這個夢了。在那之後，當我處在高度焦慮時，雖然還是做快遲到的夢，但已不再是同樣的夢境。

二〇一八年三月，心靈工坊出版存在心理治療大師歐文・亞隆（Irvin D. Yalom）的巨作《成為我自己：歐文・亞隆回憶錄》，邀我進行一場講座，以「給心理治療師的備忘錄：諮商心理師工作經驗之分享」為題（「給心理治療師的備忘錄」是亞隆另一本著作《生命的禮物》的副標題）。會後，當時王桂花總編輯提議，希望我能寫一本書，內容就如這場演講那樣。我雖心動，但總覺得自己無法勝任這樣的書寫，遲疑不前。

但我明白自己心中的大願：自許在可能所剩無幾的人生歲月裡，傳承我的工作或人生經驗。在這個念頭下，二〇二〇年底，完成了《遇見完形的我：用覺察、選擇、責任與自己和好，解鎖人生難題》這本分享完形諮商人生智慧的書。

二〇二一年初，有個很特別的念頭冒出來：既然已在《遇見完形的我》這書細細述說了我遇見完形治療學派後的各種人生體悟，這似乎代表我可以正式向波爾斯（Friz Perls）所創的完形治療學派「告別」了。近十年期間，我以督導工作為重，到二〇一九年拍攝我的完形諮商教學錄影帶，二〇二〇將一系列完形觀點的情緒講座編製成線上課程，我的完形諮商已經慢慢地和波爾斯的完形治療很不一樣了。好像可以說，我雖深受西方完形治療理論的影響，然現今的我，屬於我自己一套獨特的諮商理論已逐漸成形……

於是，我為自己安排了四個月的休假（二〇二一年十一月到二〇二二年二月），以半閉關的方式，嘗試將自己的工作經驗有系統地記錄下來。這時，我想起了這個重複多年的夢境。在重複做這夢的那幾年裡，讓我確實常感到不安和焦慮的，即是對於我可以很自然而然表現的工作，常常很難清楚告訴他人自己是如何做到的，以至於我進行督導或帶領完形專業訓練時，在經驗傳承的工作上總是缺了點什麼——就像夢中的我可輕易走到我心中理想的諮商所，卻很難告訴他人該如何去到那兒。

自覺這樣的不足之後，我開始練習在工作當下對工作過程作後設認知；在寫紀錄和回看相關工作錄影帶時，我更努力思考並試著描述出「我是怎麼做的？當下何以如此反應？」歷時一整年所製作的教學錄影帶，特別是後續個案歷程分析和講解說明部分，因為有專業小組參與提問，促使我的自我檢視更加具有方向性，也較為深入。

當我能較清楚地說出自己如何進行諮商時，我也可以明白告訴夢中司機如何去到我心中的諮商所了。我也有了勇氣和能量，完成這本分享諮商實務經驗的書。

莫忘初心

另一個促使我書寫這本書的契機，是心靈工坊在二〇二一年重新出版歐文·亞隆《生命的禮物：給心理治療師的85則備忘錄》時，邀我寫推薦文。

在我與此書相遇後的十八、九年來，常反覆閱讀此書，總是得到很大的啟發，就像一位前輩持續以他的經驗指引我前行，讓我不致迷失在如迷霧森林般的人心以及變化萬千的花花世界中。為了寫推薦序，我重讀此書，更對亞隆當年的寫作初衷感觸萬千，亦心有戚戚焉！

二十年前，亞隆七十一歲，他說他起心動念想寫這本書，是他終能體會：

……人生後期的階段稱為『豐盛期』，是一種後自戀時期，把注意力從一己的擴展，轉到照顧、關心接棒的後代……這觀念正符合我的情形，我想要把自己的所學傳遞下去，而且，愈快愈好。1

此外，他也提到過，《生命的禮物》是「為那些仍然願意花時間、精力接受嚴格在職訓練，想讓自己大幅成長與改變、願意承諾以個案利益為重要考量的心理治療師」而寫。因他憂慮美國心理治療這個行業，已經被經濟壓力扭曲到某種程度，擔心日漸精簡的訓練課程，貧乏到培養不出有效能的心理治療師。

二〇一一年，我經歷與死亡正面交鋒的挑戰後，同樣也深刻領悟自己活下來的使命，將以傳承為主，要把自己親身體會的經驗交棒出去。同時，台灣的《心理師法》於二〇〇一年正式公布實施也剛過二十年，這個法對心理助人專業領域的發展有很正向的助益，但也因此有部分心理師迷失在生存競爭裡，以個人的工作量、收入和表現為主要考量，而非以個案本身的需求和福祉為依歸。因此，也有急著求快速學成、尋求捷徑而輕忽磨練基本功夫的現象。

我雖不敢與亞隆這位存在治療大師相提並論，然我寫這本書也抱持著相似的心境與理念，期盼與所有心理助人工作者共同互勉，在這條不算好走的「職業／志業」生涯路上，毋忘初衷！

惶恐與感謝

從正式開始書寫算起已近一年了，此書的架構和內容也經過幾次的大翻修和無數次的修改。但時至今日，我仍深感惶恐，覺得自己有點不自量力，竟敢寫這樣的一本書。我算是哪根蔥呀！

同時，我也想到《莊子．外篇．知北遊》：「不知深矣，知之淺矣；弗知內矣，知之外矣。」一如作家王溢嘉所評述：

就如我們愈深入一門知識時，就愈會發現它的廣闊、深奧，並非我們原先想像的那樣簡單。也就是說，在知道愈多後，才了解自己知道的其實很少，而且對其真確性也不敢再那麼肯定。2

寫完這本書，我也是一樣的心境！我越發不能確定自己所寫的諮商觀點是否合宜。只能說，這是我現下對心理諮商工作上的一些領會，如果這本書至少能夠達成拋磚引玉的效果，也算是一件美事！

雖然，本書讀者對象是心理師或相關助人工作者，討論的也是心理師和個案之間的關係和諮商歷程，但我覺得其中探討的各種議題與應對方式，與真實社會中各種人與人的關係，都是相仿的。因此，祈願這本書能對所有期盼擁有美好而親密的人際關係的人，以及想要向內探索、走向自我整合之路者，都帶來心靈啟發和實質助益，尤其是書中第五章討論的情緒相關內容。

在此，首先要向自幼至今教導、啟發過我的每位老師、長輩和摯友們，致上我最深的敬意與謝意。更感謝所有曾和我有過心靈交會的個案／當事人、學生和受督者，特別是近十多年來信任我的完形專訓學員，你們的願意和愛，不但成就了現在的我，也幫助我完成了這本書。

而這本書能具體成形的重要推手，自然得歸功於心靈工坊出版社，不論是多年前桂花姊的邀稿，或是去年寫《生命的禮物》推薦文的機緣，如今樂意出版這本書，都讓我萬分感恩。

不論如何，我仍竭盡全力地完成了這本屬於我個人經驗傳承的「諮商地圖」。或許它還不是很精確，方位也可能有所偏移，但祈願書中的內容至少能如一盞昏黃小燈，陪伴所有心理助人者和想要找到「心家」的朋友們，照見人生前行的路徑。

祝福人人能與內在的自己相遇與和好，做自己生命中的主角，自在圓融！

【註釋】

1 歐文・亞隆（2021），《生命的禮物：給治療師的85則備忘錄》（2021全新修訂版，易之新譯），頁49，心靈工坊。

2 王溢嘉（2017），《莊子陪你走紅塵》。頁93-94，有鹿文化。

【導論】

我的個人諮商理論

我如何成為一位諮商心理師

我深信，在我人生歲月裡經歷過的所有一切，都對於形塑現在的我有著某種程度的貢獻。基於這本書的內容主要涉及我的專業工作，我似乎必須先簡要敘述個人專業角色形成和成長的相關訓練過程。

專業學習經歷

我在台北師專畢業後，因著「天使」的引領1，插班進入現今的彰化師大輔導與諮商學系，大學畢業後，我回到母校北師擔任助教，兩年後，我辭掉工作，專心至台灣師大的教育心理與輔導系所攻讀碩士學位。多年後，才以在職方式完成師大第一屆的教育心理與輔導博士學位。

因總覺得自己能力不足，且心理諮商工作挑戰高，除了正式的學院學習，我也不斷參加相關的訓練課程。

個人中心學派是我最早十年的工作主軸，當時也多以參與此學派相關訓練為主，並上了不少基本諮商技術的工作坊。

而自大學起，因熱愛存在主義，自行探索學習與閱讀很多存在主義哲學和存在治療的書籍，這個學派一直影響著我諮商工作的核心信念。

此外，我受過團體催化員訓練、婚姻諮商、家庭重塑——薩提爾（*Satir*）家族治療、結構派家族治療、性侵害服務工作訓練、家庭暴力受虐處遇訓練、身與心對話、專注治療、藝術治療、敘事治療、止觀／正念，以及不同學派的夢工作等等。

而後我專攻的完形學派，自一九九四年至今，已接受超過六百小時的相關訓練。

我是信任心理諮商的。當我遇到各種人生挑戰時，我會選擇去接受諮商，或參加各式自我療癒相關的工作坊。雖然以我的工作角色，要找心理師並不容易——諮商界不大，大部分都是好友或同事，要避免雙重關係滿難的。不過，大概早年自信心不夠，感性太強又被壓抑，當進入諮商或工作坊的情境裡，滿滿的情緒讓我忘了我的工作角色，能順利地成為投入很深的個案或成員。偶爾會浮出理智上的擔憂：哭成這樣，問題這麼多，其他人會如何看我？誰以後還敢找我諮商或督導！但很快地，這聲音就被內在深層情緒打下去了。事後回顧，因為願意真實面對內在混亂的自我，我才能真正好好處理自己的議題，努力整合自我，使得我在諮商工作上能不斷精進。

我很幸運（同時也是我積極主動去創造機會），能不斷受到很好的督導和同儕督導的協助。被督導「電」，當然很恐怖，可我心裡明白必須要經歷這樣的過程，諮商能力才能有所進步。因此，至少在意識層面，我勇於在接受督導時呈現我諮商的弱點、困惑和卡住的地方（無意識的防衛或逃走那一定也是有的）。我想，我的「認真」、「真誠」和「戇膽」的特質，幫助我很大。

諮商實務工作經歷

我自民國六十八年擔任救國團青少年輔導中心的義張開始，幾乎沒有停止過諮商的實務工作，除了在任職學校學生輔導中心服務，更曾在馬偕醫院家庭協談中心及平安線、現代人力潛能開發中心、返樸歸真工作室、台北市教師研習中心、旭立心理諮商中心接社區個案，也曾短暫擔任台北、新北市家暴防治中心特約的心理師。

當然我的正職——國北教大的教師角色，對我專業工作的成長具有關鍵性的貢獻。我任教於初等教育系輔導組以及後來獨立成立的心理與諮商學系所。我有一群亦師亦友的工作夥伴，一起為輔導與心理諮商教育的發展打拼。尤其我們師範院校，必須協助相關縣市國中小學校輔導工作的推展，這些工作經驗讓我有豐盛多元的學習。尤其，在專業相關的系所裡教學，得天下英才而教之的教學相長過程，更督促我在專業工作上不得懈怠。

於是，大量本土的實務經驗使我能慢慢地和波爾斯的完形治療告別，逐漸形塑出屬於我的「個人諮商理論」。本書中所分享的，關於我個人在諮商工作上的各項體會，大致是以此「諮商理論」為本。

我的「個人諮商理論」

我在諮商工作中的位置與角色

我一直希望自己在諮商中，是站在當事人的左或右旁，略為後方一小步，為他點亮一盞燈，陪他前行。基本上，我是跟在當事人後面，領路的是他。我所舉著的照明燈，象徵我會用專業的方式，幫助當事人得以看清楚他所期待的遠方人生目標，以及前往的路途上，有些什麼險阻或障礙物，再由當事人自行決定要如何面對和處理這些阻礙——搬走它、繞開它、剷除它，或是乾脆換條路走。他知道我會陪在他身邊，幫他照明。必要時，我也會適時、適力地協助他前行。

我秉持的諮商理論

整體觀

我不只是要用整體的角度全面性地理解當事人，更納入個人中心學派羅傑斯（Carl

Rogers）所提的現象場（phenomenal field）與社會心理學家勒溫（Kurt Lewin）所建構的場地論（Field Theory）的觀點，在此時此刻，看見當事人的內在、當事人與他人互動的情形，以及當事人對外在世界主觀的認知。

有時，我會練習站上「較高」——能俯瞰當事人的全面或整體——的位置，包括看見與當事人正互動的關係人（自己、伴侶、親子、家庭）在「空椅」[2]上交流的樣貌。我期待能看到當事人的所有一切，以及時間與空間軸的脈絡。

當然看懂了，就必須「下來」，與當事人同在，甚至需要試著進入當事人的世界，以他的心、他的眼體會他的想法和感受。

場地論認為，個人主觀知覺到、注意到的外在人、事、物，才真實存在著；人們想像出來的東西，即使不是客觀存在，對當事人而言也是真實存在的，如鬼。換句話說，只有個人知覺到的「外在」，才會進入我們的意識層，成為影響我們的外在環境。譬如，若美國攻打了敘利亞，造成世界金融的動盪，但我並不關心這件事，主觀上也不覺得這事會影響到自己，那這個事件就不算是我的外在環境。反之，美國攻打了敘利亞，實際上對台灣，甚至其他國家都沒有任何影響，但我關注此事，且擔心引發世界大戰或是經濟動盪，那這狀況就屬於我的外在環境，某種程度上影響著我。

在實際諮商工作中，我相信當事人內在的「主觀他人」，比外在客觀的「真實他人」更為重要。也就是說，當事人認定的母親是怎樣的人（主觀他人），比他母親真實上是怎樣的人，對他影響更大。關係亦然，主觀認定的關係重於實際的關係。因此，在工作上，轉化當事人對內在主觀他人的看法和感覺，才是重點。

信任人的人性觀

我對人的相信是：每個人都是向善的，有清明的覺察能力，也有選擇的能力，如後現代理論的觀點：人是解決自己問題的專家。

需求與情緒

我的諮商工作重點，是幫助當事人真正了解自己的需要／需求（內在覺察清明）；然後找到最適宜的方式滿足自己，或看清外在限制，進而調整需求或學習放下（外在覺察清明／選擇）。

但在我們文化中，知道自己真正的需求是什麼，是很不容易的事。我通常會透過處理情緒來運作，因情緒與需求是一體的兩面。當需求無法滿足時，通常會引發不愉快的情緒，從情緒去探索出當事人真正的內在需求，是個好方法。反之，若能知道當事人未滿足之需求是什麼，處理其情緒也比較容易。

必須注意，需求也是具有發展性和脈絡性的，過往的需求自然會隨著個案的成長和時空移轉而有所改變。

黃金鐵三角

自我覺察清明，對環境覺察敏銳，才能為自己做適當的選擇；選擇恰當了，才會有負責任的結果。因此，覺察是諮商的核心目標。

在覺察上，我主要協助當事人移除一切阻礙清明覺察的狀況，並擦拭汙染其覺察的陰影。

選擇的部分，我的工作重點為強化當事人的「主體性自我」。我們的文化不像西方如此強調自我，導致許多人未能發展夠強的「主體性自我」。波爾斯所創的完形治療認為，人若覺察清明，自然就能做出適宜的選擇，但我發現不只這樣——如果「主體性自我」力量不夠，實在難以面對和承擔選擇的焦慮，以及命運無常的挑戰。

而受完形諮商影響，我對「責任」有特別的觀點。

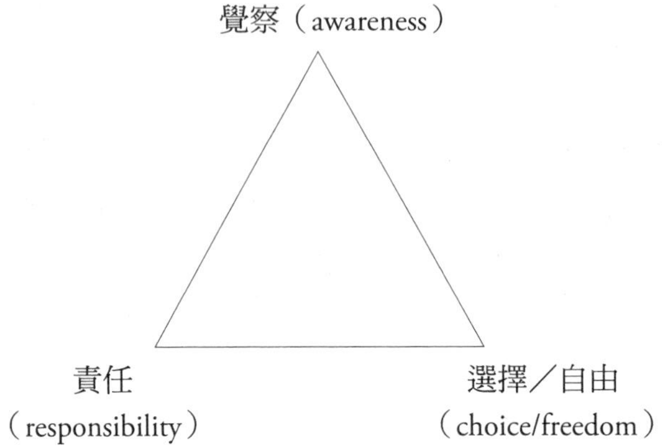

「只有你自己能決定哪條路對你最好。」

「我想找個地方重新開始，這可能嗎？」

「重啟新生活，那是有可能的。」

「彌補錯誤？」

「不行！抱歉，孩子，那是唯一無法重來的事。」

——電影《續命之途：絕命毒師》一段對白

或許，做錯選擇還能放下現有的一切，重新開始；但做錯事情所造成的傷害，既已發生，就永遠無法重來，甚至無法彌補什麼。

因此，只有做了正確選擇，才可能真正承擔責任。在諮商工作裡，我會專注於「覺察」與「選擇」這兩部分，如此，「責任」就會是一個自然而然的結果。

但「責任」這個字的英文：responsibility，可拆開成 response（反應）和 ability（能力）兩個字，也就是說，要真能負起責任，還必須對所選的選項具有「反應／執行的能力」。因此，在諮商中，在「覺察」與「選擇」之後要重視的就是真正「執行與實踐」的階段。

自小到大，我們經常在事件發生當下無法做出恰當的選擇，我們當然需要為此負起責任，盡力去彌補錯誤。但是，我們也要相信，這並不代表我「整個人」是錯的，全都不好。因此，也要懂得原諒自己，放下過去，為自己接下去的人生負責。

我諮商工作的特色

「此時此刻」為核心

此時此刻也是現象場的概念，只有在「當下的此時此刻」發生的事才最真切。

我通常藉著探問，將當事人過往的經驗帶到諮商現場，更會注意總是發生在當下的情緒，並以空椅法等「實驗」3，在此時此刻處理當事人的困境。

重視當事人的親身體驗

我認為，只有透過親身的體驗，經驗才能真正納入個人的內在系統，產生真正的改變。因此，諮商師要設計許多「實驗」，讓當事人能夠在諮商當下有所體驗。而體驗是需要時間的，在體驗的過程中，心理師要有耐心讓當事人慢慢地去親身嘗試。當然，這樣的過程，更需要在一個安全、值得信賴的關係中進行。

體驗，不見得一定指動態性的實驗，腦中想像、身體覺察和情緒的體會，都是一種體驗，甚至只要當事人的敘說很有畫面也算是。不過，若有媒材輔助，讓某些人、事、物具象化，加上了體感、觸覺和視覺的部分，體會能更為鮮明，也容易達到諮商的效果，產生新的頓悟和改變。

放棄改變的企圖，改變才可能發生

這觀點，我不只用在諮商工作上，我也會用在自己身上：先不要急著想改變自己什麼，因為想改變的企圖當中，必然包含著對自己的不滿意。我們要先去觀看、承認，進而接納自己現在的狀態。很奇妙地，當看清一切，懂得怎麼一回事的感覺升起後，很自然地就會願意重新做出不同的選擇。當我們有動機去做一點不一樣的行動時，「改變」

就這樣發生了。

所以，對心理師來說，放棄改變的「企圖」，不是要當事人不改變；而是，在諮商的初期，不要先想著要去改變當事人什麼。我的經驗告訴我：心理師若能先不急著改變當事人（當然，多數自願性的個案，來諮商就期待改變），而是先無條件接納、理解與同理他，建立起良好的諮商關係，當事人因此願意面對和探索自己的內在，才能進一步開啟「改變」的工作。試想，心理師企圖幫助當事人改變，不就是間接在告訴當事人：「你的確有什麼地方不恰當」，若是這樣，諮商關係中所謂的全然接納又怎麼可能發生？

我也曾聽過一句很有深意的話：「人在改變時，就像蛹一樣是無法做任何事的。」心理師千萬不能急著想幫蛹孵化成蛾，而成為那「剪蛹的人」。

此外，有些事情是無法改變的，只能放棄想改變的心。除了我常說的：已發生的事和他人的事不能改變外，還有關於「命運」的事也是無法改變的：

1. 遺傳無法選擇：聰明才智、天生的疾病和障礙，以及天生的氣質。
2. 出生和年幼時生長的環境：有什麼樣的父母、在什麼樣的時間點來到世上、什麼樣的家庭環境、什麼樣的社會時代、什麼樣的國家和世局等。

3. 成長歷程中無法預期和掌控的遭逢：父母親死亡、離婚、失業、破產等；自身的各種意外和疾病，或遇到不公平的對待等。

4. 死亡。

心理師要清楚自己的限制，分辨哪些屬於「命運」——那是「神」所掌控的。心理師只能協助當事人接受與面對命運，改變他能改變的。

量身訂做適合當事人的諮商方式

基於對每個當事人的理解，心理師要發揮創意，為當事人設計出他獨屬的諮商方式——這是種為當事人量身訂做一套個別化、適合他的諮商模式之概念。

也因此，完形諮商稱各種諮商技術為「實驗」。既然稱之為「實驗」，就是沒有固定的技巧和方式。

諮商是兼具藝術及科學的工作

我一直期許自己，秉持著兼具科學家實事求是的精神和藝術家感性創意的態度來進行諮商工作。

科學工作要求深厚的學理知識做基礎；工作前要有明確的目標與規劃；進行時，要有明確的步驟並控制好各種影響變因；事後，則需要清楚評估成效及不斷檢討改進。

而藝術工作則需帶著情感全心投入，視當下的情形，及時揮灑出我們的靈感與創見；在過程中，為著每一位當事人，甚至同一位當事人不同時刻的差異，彈性運用各種方法，看起來似乎毫無章法，卻又是靈活而流暢。在諮商工作藝術層面裡，諮商師和當事人正如跳著和諧共融的雙人舞一般。4

在科學與藝術兩者不得偏廢的工作中，如何將科學所發展出來的「知識與技術」，將其練就成自身的好「武功」，以展現藝術性的運用，是我持續督促自己努力的工作方向。

本書內容

我是位諮商心理師，本書內容也由我四十多年的工作經驗所淬煉。因此，書中多以「諮商」代替「治療」，內文除了以「我」為主詞敘述外，多半使用「心理師」或「心理助人工作者」為主詞作陳述，對於接受諮商或輔導的求助者，則多稱「當事人」或「個案」。在簡單交代我的專業經歷與我所秉持的諮商理論後，以下簡要介紹本書的五個篇章。

第一章談「心理諮商是什麼？」論述我對於心理諮商到底在做些什麼，可以做什麼，進行的歷程為何，以及社會文化作用力為何的觀點。

第二章我試著討論「心理師這個人」。我一直覺得這是個很難說得清楚的主題，畢竟每個人都是非常獨特的個體，助人工作者自然也不例外。我將探討：我們該如何擁有個人的獨特性，又在諮商工作中保持以個案為主的專業角色？怎麼才能既成為「如其所是的自我」，同時也站好專業角色的位置？面對心理師要「真誠一致、無條件接納，以及不介入個人價值觀」這些「非人」的要求，我們又該如何修練與實踐？我不敢說我對此議題有什麼「答案」，只希望寫下我的相關想法供大家一同來思索。

第三章談「諮商關係」，這是能否達成諮商效能的關鍵議題。諮商關係是人與人間相當特別的一種關係。現行諮商心理師專業倫理守則第六條，明定諮商關係是一種「專業、倫理及契約的關係」，然而心理師與個案的互動卻又是心靈與情感深刻交流的親密關係，但這種親密，又完全不同於彼此現實生活中的親密關係。在這篇章中，我嘗試描述我對諮商關係的體會。

第四章，我大膽地提出我在心理諮商工作「執行面」上的實際做法。從諮商目標的訂定、同理、面質到諮商紀錄和系統合作（只以學校心理師為例），共有十六個主題。

第五章則分享「情緒議題」在諮商中的處遇經驗。情緒議題不只是我在諮商工作中特別關注的重點，更是我早年成長經驗的一部血淚史。這篇章中，我覺得最值得「驕傲」的五篇——因內文「快樂與滿足感」這篇即在為驕傲、得意、滿足等詞平反，特用此詞練習表達——是探討因著文化差異，我們不同於西方情緒心理研究中所探討的情緒狀態，包括我們文化下獨特的四對情緒：委屈與憤怒、嫉妒與妒忌、羞愧感與罪惡感、快樂與滿足感，和一個相當折磨人的情緒：自責。

書中提到的個案狀態，多是概括性的或針對單一反應的描述，例如，個案質疑我較為重視另一位個案，或個案在諮商快結束時情緒激動不已，或個案對過往某次經驗只記得短暫不愉快的部分卻忘記前面大部分的美好記憶等等。若需要詳述細節的案例，我則多引用我公開出版的教學錄影帶中所收錄的個案工作，或戲劇裡的角色狀態，很少數的幾個實際案例，我也對個案的資料加以大幅更動，以確保符合諮商倫理。至於所引述受督者的心得，都經過他們重看和同意，只是有幾位不想直接具名。

心理諮商博大精深，每位個案的人生困境都獨一無二，因此，要找到一套統一的標準化處遇方式，是近乎不可能的。正因如此，吸取各方經驗作為工作上的參考，是每個有志於心理助人工作的人必要的學習。希望我在本書的經驗分享，能帶給讀者一些啟發，在充滿挑戰的路上更具信心，甚至樂在其中，造福人群！

【註釋】

1 這個故事我在二〇一五年底「台灣心理治療與心理衛生年度聯合年會」中分享過。文字版請見：曹中瑋（2017），〈勇敢去做，恩寵便不斷〉。載於《靈性的呼喚：十位心理治療師的追尋之路》，頁 107-110，心靈工坊文化。

2 「空椅」指完形治療學派的經典技術——「空椅法」。完形諮商學派認為，個人內在的「主觀他人」重於「真實的他人」，如我主觀認為我父親是怎樣的人，怎樣對我，比父親真實的表現更加影響著我和我們的父女關係。同時「此時此刻」概念也是完形諮商的核心。因此，處理我們的父女關係，父親不見得必須來到諮商現場，而是由心理師引導當事人想像此重要他人，坐在對面一張空椅子上進行互動。既然是對話，當然也需要輪流坐上不同的椅子。自我對話也同樣可以用兩張椅子，各自代表不同的自己進行對話。

3 「實驗」即各種諮商技術，在完形治療學派裡通稱為「實驗」。

4 曹中瑋（2009），《當下，與你真誠相遇：完形諮商師的深刻省思》，頁 31-32，張老師文化。

第1章

心理諮商是什麼？

我認為心理諮商是心理師透過專業和用心，去理解個案內心世界的過程，是一種「懂得的陪伴」。

在本章裡，我將討論心理諮商工作是如何好好理解／懂得個案，以達到心理療癒的目的。也將提到，心理諮商的重點是轉換個案的主觀記憶，強化個案的「主體性自我」，並適宜處理心理的傷口。

心理諮商是個連續且必須掌握適當節奏的過程。心理師在此歷程中需要不斷在理性與感性的頻道切換，並隨著進出個案內心世界而不停轉換位置，同時，還要重視文化對個案的影響。

1 心理諮商只是一種陪伴嗎？

在我的「個人諮商理論」中，首先提到的即是我期許自己在心理師角色的位置：在當事人的身旁，略後一小步處跟隨著他，並為他點盞燈，陪著他前行。我也曾說過：「諮商不是『改變』而是一種『懂得』的陪伴。」1

然而諮商真的只是一種陪伴嗎？「陪伴」說起來似乎很簡單，但要達到具有諮商效能的、「懂得」的陪伴，實在是門很大的學問。因此，我得先說說這種獨特的陪伴到底為何。

諮商裡的陪伴，其核心之一是「懂得」。雖然來諮商的個案希望我們協助他們改變，但事實是，這世間沒有任何人能改變他人，只有自己能改變自己。實際上，心理助人工作的目的是促使個案願意並能夠改變他自己。因此，讓當事人感覺心理師是願意且能真正懂得他的人，當事人就有機會體察自己的價值感和存在感；而這「懂得的陪伴」也能引發出當事人自己的力量，帶來自然而然的改變。

我更認為，心理師在諮商裡的陪伴，是陪在當事人身旁略後一小步。這表示，當事人的人生理當自己作主，即使他是來「求助」的，未來仍需由自己領路，心理師不可能為他決定生命道路該怎麼走。然而在諮商中，心理師到底是較為客觀冷靜的，比正在困頓或陷在痛苦中的當事人，能更快看到眼前的坑洞或危險路段。我們必須忍住，不能超前當事人，只能用手中的那盞燈為他照亮前方，這也是諮商陪伴的另一個特點。

如何做到「懂得的陪伴」？

我認為，要做到「懂得的陪伴」，「願意」耐心傾聽，且努力練習聽懂，是最為重要的。

首要的是，我們要願意放下主觀，完全開放自己，才可能專注於聽懂當事人的表達——不只表面的口語內容，還要聽出背後藏有的深層意義，並洞察所有非口語的訊息。因此，傾聽要有深度，必須有層次：

首先，聽懂當事人自己已知道並能表達出來的事。但通常因為情緒影響，他們說得很零碎，甚至缺少脈絡或邏輯，因此我們除了用心，也需要透過關懷與耐心去進行引導和澄清，來理解當事人所說的內容。

其次，聽懂當事人自己知道，但因某些因素還不願表達的事。譬如，當事人對父親長年酗酒家暴感到生氣，更不諒解母親總是躲開，未能保護他們手足。但當事人可能出於對母親的心疼，或理智上覺得難以責怪同樣受苦的母親，而在口語上不願承認對母親的怨懟——心理師要能從字裡行間敏察出這樣的訊息。

再來是，聽懂矛盾衝突的部分——當事人似乎知道自己的某些狀況，卻不知其所以然，或有些相反的感受和想法同時存在。此時心理師要能敏銳掌握。

而傾聽的最高層次，是聽懂當事人自己還不太懂的部分。

當事人還不想說、還未釐清、還不理解的內在感受和想法，我們又如何能聽懂？依我個人的經驗，通常下面幾種方式有幫助：

1. 傾聽的時候，除了口語內容外，要連音調、整體感覺一起聽。但不懂一定不能裝懂，要用有效的探問來引發當事人多表達一些。
2. 特別注意當事人的矛盾訊息，提供適當的反應，如高層同理、面質等方式，如此得以澄清當事人較為真實的狀況。
3. 人們本能地喜歡看完整的東西，對一些零碎的訊息會自動填補不足，或組織片段之處，使之變成一種完整的假象（下一篇會詳述此現象）。這對於諮商中的傾聽是很危險的事——太容易自以為已經聽到全部，了解了整體狀況。所以，如實聽懂當事人，和心理學家研究人的方式很不相同。後者用推理、分析、歸納等方法理解人們行為的共通原則和理論，但心理助人工作者剛好相反，我們看重每個人的獨特性，盡量去理解當事人獨特的想法和行為。

不過，心理師即使聽懂了當事人還不想面對或不能理解的部分，是否就要將這樣的懂得，反應給當事人？這就如前面所提到的，心理師不宜超前當事人的腳步，也不一定適合太快用燈照亮當事人還不想看到的障礙物。心理師必須考量當事人當下的心理能量和自我的強度，也須評估諮商關係的穩定程度，從而做出適當的回應。

如何讓當事人知道心理師懂得他

理解當事人後，我們還需要透過恰當而準確的表達，讓當事人體會到我們的懂得。心理助人者的態度自然是最重要的——要非常專心，整個人的肢體語言能配合口語內容；口語表達更必須和想表達的意思完全一致，這能力需要經過相當的訓練才能養成。

此外，表達的用語要配合當事人的狀況，對年幼的孩子、青春期的學生、高階主管、藍領勞動者、年長的長輩等，用語自然該有所不同。

最後，我慎重澄清：聽懂當事人不只是為了心理師自己能理解當事人，而是在這「懂得的陪伴」下，使得當事人能真正了解和接納自己，這才是諮商的核心精神。

2 理解當事人的全貌

諮商既是個懂得的陪伴過程，因此，心理師工作的重點，自然是如何做到對當事人的全面性理解。

不過，心理師要用自己這個「人」去理解當事人，得先面對我們人類在「知覺」上的限制。這便涉及完形心理學的主軸概念之一：人類知覺上的特性，讓我們能快速蒐集外在訊息，經過統整後運用於生活，卻也因此，使我們在覺知外在世界與他人時，變得相當的主觀。

人類知覺的特性

人類知覺有以下幾種特性：

1. **組織性**

人們會自動組織感官蒐集到的零碎訊息，成為自己熟悉的物件或想當然的東西樣貌，但事實是，這些訊息根本不足以組成我們所想像的那樣東西。例如，人們聽到一位女性經理被簡要描述為「幹練、做事果決明快、思慮過程多是先法理，再講情」，多數人會很快地在腦中組織起這人的模樣：俐落短髮、清瘦高挑身材、表情冷靜、說話很快速……，但這位女性經理真實的樣貌可能並非如此。

2. 整體性

我們喜歡完整的物品，因此在一些散亂不成形的訊息中，看到其中屬於完整的部分；或是腦補缺少的物件，再配合上述的組織性，將之變成完整的東西。然而，這真實的狀態並不存在我們「看到」的「所謂的完整物件」，那全是我們知覺特性所創造出來的。

3. 選擇性

我們會主動選擇我們渴望的、鮮明的、特別引人注意的或以為是那樣的訊息，而排除掉我們不想要的訊息。我們會選擇何種訊息，影響因素相當多元複雜。以現象場的觀點，和我們主觀信念相近的訊息，較能引起我們注意，並且較容易被選擇納入我們的主觀世界；而和我們內在信念不一致的訊息，則會排拒不接收。例如，社會心理學助人相關的研究曾發現，當人們在匆忙趕時間的狀況下，關注的焦點都在如何準時抵達目的地，常常因此看不見路邊他人顯而易見的求助訊息，即便是平日樂善好施者亦然。

此外，心理學中的「狀態相依記憶」（state-dependent memory）理論也發現，人們傾向去選擇與現在情緒狀態相應的事件。如，感覺快樂的時候，比較傾向注意和感覺到當下情境中的快樂事件，忽略不同情緒的事情。

4.之前經驗影響或系列性的影響

例如，一列是11、12，13、14、15……另一是A、B、C、D、E……其中13和B寫的方式是一樣的，但在數字系列中我們一定認它是13，反之亦然。先前的經驗影響知覺更鮮明，例如店員剛遇到很不講理的奧客，對下一位客人防備心就會增加。

5.感官上的錯覺

最常見的就是「對比性錯覺」，例如，站在籃球國手身邊，我們的身高顯得較為矮小；剛吃過甜食，再品嘗水果，水果甜度自然下降；我們摸過冰品後，常對再觸碰的物品高估它的溫度。

還有背景的形狀、色澤、光線所造成的感官錯覺。如在太陽下山光線暗淡時分，看到疾駛而過的某車輛，會因光線的改變，和白天光線充足下所見的顏色不同。而當你從高處往下看，與視覺平行時所估量物品、人物之大小和高矮，也總是有不小誤差。

另外，人們在社會認知上具有偷懶的慣性，以致傾向以某一凸顯的特性、先入為主的觀點來快速理解他人，不願蒐集夠充分的資訊。這同樣大大影響我們的知覺判斷，形成既有的「刻板印象」，甚至是偏見。社會心理學有個「以貌取人」的研究。研究者展示很多張小朋友的照片，請受試者挑選哪些是具某些偏差行為的小孩，哪些是表現優良的。即便是受過教育專業訓練的教師，都輕易地認定，皮膚黝黑、身材較瘦小、單眼皮的男孩有偏差行為；乖巧的模範生則多為皮膚白晰、五官清秀、留長髮紮辮子的女孩。

心理師是人，也同樣不容易避免知覺或認知上的限制，而在蒐集訊息時產生偏差。因此，在理解個案上，我們更要相當警醒自己的有限，必須有意識地努力克服這樣的問題。

心理師在理解當事人上常見的盲點

我的督導經驗中，時常遇到受督者容易在蒐集到當事人主述的部分資料後，就覺得已經理解了個案，但在工作上卻感覺卡卡的，難以順利進行。這是因為我們通常容易只聽到表面的文字內容，且對聽到的字詞、源由，輕易地以想當然爾或自以為是的片段去理解，形成對個案的「整體」印象。

例如，一個大學生個案舉了些例子，抱怨老師特別針對他挑剔、責罵，讓他感覺很煩。心理師如果因為聽到他描述了數個類似事例且清楚說出自己的情緒感受，就針對師生關係的方向開始「工作」，我認為是有風險的。在此例中，我們對個案還是有許多狀況有待進一步探索——「煩」其實是個很籠統的情緒，「煩」的更深一層或較明確的情緒是什麼？而當事人「煩」的到底是什麼？老師對當事人的挑剔、責罵，有沒有前後脈絡可循？頻率多高？

另一位當事人，主述自己成就差手足一大截，不能如他們那樣達成父母的期待，因此在家裡壓力很大。這當中也有很多需要深入釐清的狀況，如：當事人的「壓力」具體來自什麼？此感覺從何時開始？父母的期待為何？又是如何傳遞讓當事人覺知的？當事人和父母的關係、和手足相處的情形如何？以及，自己真實的成就表現為何？

以下列出心理師在理解當事人時常見的不足之處：

1.被當事人的敘述限制住

我們被當事人主訴的煩擾事件和不適的症狀所限制住，在這些問題上打轉。忘了如實看見和聽見這坐在我們面前的「人」。我們想的只是這件事怎麼發生，事情的過程和其中的各種因素。例如上述第一位當事人，要了解全貌，重點還是在理解當事人本身是怎樣的人，他與權威者相處的相關經驗。不能只討論目前讓他不舒服的師生關係。如「合作取向治療」創始人賀琳．安德森（Harlene Anderson）所言：「有時候治療師是造成失敗的主因，因為我們常常一不小心就和問題及診斷工作，而不是案主。」他認為不成功的治療，通常是源於治療師沒能了解案主表達內容的真正意涵。

2.整體脈絡不夠清楚

同樣承上述那位被老師特別負向對待的大學生之例。這種狀況是如何發生的？他在大學中的整體學習與生活適應狀態如何？他如何去選擇所讀科系和課程的？同學們和此老師的關係如何，以及同學對所謂「老師針對當事人」的狀況如何看待？當事人在求學階段和老師的相處經驗？甚至是生活上其他的面向等等。

3.廣度不足

以上述第二位個案，當事人覺得在家壓力過大，只在家中嗎？我在諮商時，會更廣泛地去了解當事人其他生活層面的壓力，經驗告訴我，家庭壓力議題通常需要先擴大理解家族、社區文化、成長環境和所處時空等相關的影響力。而在本例中，當事人特別提及手足，討論手足關係和各自的成就表現自然也是重要的。

4.時間軸線不夠展開

手足比較、競爭的議題，很多都是自幼即開始出現。拉開時間線，了解從小手足之間或父母對待手足方式的狀況，絕對是必要的。

探索時間軸，還能幫助區辨目前的困境是來自當事人固有的行為或人際模式，還只是因為生活實際發生的重大挑戰事件。例如某位中年個案感到最近的生活很混亂，完全失去面對工作的能量，她更覺得「整個自我不見了」。如果知道當事人近期工作遇到嚴重的挫敗事件，諮商過程就必須試著核對當事人的自我力量是何時、如何消失的？之前自我的狀態如何？當事人原本自我狀態就弱，與因外在事件造成暫時失能，兩者諮商的方向很不同。

5. 過於關注情緒而看不到個案整個人

關注當事人的情緒很是重要，但必須小心不要被當事人的情緒所淹沒。情緒多是被刺激所引發的，要真正理解當事人，還是需要探究：到底是哪些刺激引發此情緒？當事人在情緒當下想到什麼？哪些相關情緒記憶被喚起？哪些話語浮現腦海？

經驗告訴我，引發情緒的常常不是事件本身，而是事件下我們想到的「內言」。譬如，當一個老師批評當事人的報告不夠完整，引用的資料太老舊，當事人如何解讀老師的評論——是升起「我很糟糕，很丟臉」或是「老師故意找我麻煩、挑剔我」——這兩個想法所引發的情緒就會不同。

6. 未能拼湊完整故事

和懸疑片類似，即使同一劇情，每次呈現都比前一次更多一點，且或有些許不同。

正受困於自己痛苦生活中的個案，常常也是這樣說自己的故事的。心理師必須依照這來來回回且前後時空交錯的內容，耐心地自行拼湊出完整的「故事」。以下是我自行編寫之個案經歷事件：

「那天爸爸喝醉酒，不知道是不是他心情特別差，雖然以前也會發酒瘋，但不會這樣抓狂。竟然拿起飯桌上裝熱湯的碗，往媽媽身上丟過去。後來我陪媽媽去了醫院，還好……」

隔了兩次諮商後，個案又說：「那天爸爸其實是對我發脾氣，他是對著我丟湯碗，媽媽過來保護我才被燙傷……」，我再深究，才慢慢地對那天發生事件的前因後果有了較清楚的輪廓。

但在下次的諮商，個案再告訴我，「他那天是有意激怒爸爸，因幾年前的一件事……」，故事又有了新的開展與樣貌。

通常，個案也不是故意要這樣片片段段、避重就輕地講故事。而是我們回憶某事件時，常先只提取記憶中最鮮活且有畫面的部分。而和我們個人較有關的地方，會因自我保護機制的運作，無意識自動化地逃避面對內在不願接受或感覺潛在有害的事物，以保護自己不受痛苦情緒所苦，而自然地先忽略。此外，很多複雜的前因和當時我們內心深處已壓在無意識裡的聲音，更常常需要多一些時間和「刺激」，才能浮出意識。

心理師要有耐心，透過適宜的引導、探問，層層抽絲剝繭……絕不能聽到概括狀況，就以為是如此這般，而直接「處遇」。

因此，心理師需要真正專心地在當事人身上，專注地傾聽；並將焦點放在：全心想要認識當事人究竟生活在一個什麼樣的環境裡，以及自己該如何跟當事人一起在其中，好好理解這個屬於他的內心世界；而不是分心想到所學的相關理論，不是想到自己曾經有過類似的經驗或接過類似的個案，更不是主觀判斷當事人的邏輯和想法合不合理……

此外，人生歷程是流動的，有時處在不安混亂、難過生氣、想逃避，甚至放棄自己的狀態下；有時又很積極地想面對自己，理解和照顧自己的不愉快情緒和負面想法。要掌握個案的狀態，心理師本身的清明覺察、敏銳觀察和感受力都必須不斷磨練與強化！

加上，每個當事人都是獨一無二的個體，其生命歷程所經歷的一切更全是獨特的。因此，要好好理解當事人的全貌實在是非常不容易，心理師不但必須克服自己知覺上的限制、個人的主觀性，更要全力以赴地去理解眼前這位個案！

3 協助當事人轉化主觀記憶

我們經驗到什麼，又記下哪些？

諾貝爾經濟學獎得主丹尼爾・康納曼（Daniel Kahneman）在一次談快樂的演講中舉了個例子：「若你去聽一場期盼已久的交響樂演奏會，非常美好的享受了近百分鐘的音樂饗宴。最後，有個樂器走音，發出尖銳刺耳的聲響十秒左右。事後你覺得這音樂會讓你滿意嗎？」

他更在他的著作《快思慢想》中進一步分析，大部分的人都會覺得這場演奏會可惜了，這糟糕的結尾「破壞了整個經驗」，且因此對此演奏會給予很低的評價。但康納曼認為，這是認知錯覺的狀態。[2]

康納曼並將人們的認知歷程區分為「經驗自我」和「記憶自我」。「經驗自我」是在音樂會當下，體驗音樂會的樂音演出，也感受不舒服走音刺耳聲的那個我。照理說，我們的記憶應該是來自當時由「經驗自我」體驗到的內容。但當我們回顧此演奏會的經歷時，則必須由「記憶自我」出面回應：「演奏會究竟發生了什麼？」也就是說，過往的經驗重現，需要靠記憶，以致「記憶自我」反倒成了主體，由他「決定」我們自生活中經歷到哪些事件。事情過後，「經驗自我」經驗到了什麼，全受制於「記憶自我」記下的那些內容，而真正的經驗變成模糊不清。

而且，「記憶自我」常常犯錯，像上述演奏會的例子，不舒服的聽覺經驗雖只佔十秒，是美好經驗的六百分之一，但因太鮮明和令人難受，而成了記憶的主軸，竟能打敗一百分鐘快樂地聆聽音樂演奏的經驗。這樣的錯覺對人們來說，實在超可惜。

這個發人深省的觀點也讓我想起，很多個案在回憶過往的各種經驗時，確實傾向選擇記下其中可怕、驚嚇或痛苦的片段，而記不起當中其他的部分。

曾有位個案，一直記恨著某次全家出遊的回程，被媽媽在大庭廣眾下大聲斥責並打了她一巴掌。個案累積著許多這類的事件，並記得手足犯同樣的錯時，媽媽總以她是老大，該做好榜樣為由只處罰她，因而認定母親不喜歡自己。當我好奇問到那天出遊的情形，當事人一開始還說，被打一巴掌哪記得玩了什麼。在我鍥而不捨地探問下，當事人才想起那天天氣很好，全家人整天都玩得很開心，媽媽也準備好多好吃的野餐，特別有她最喜歡吃的玉子燒，那是對蛋過敏的妹妹不能吃的。然後也想起媽媽何以打她的前因後果，自己也有錯的部分，她原先也已不記得了。總之，因被打的委屈憤怒，而完全忘記之前一整天的美好時光……

諮商可以協助個案重新喚起過往經驗的豐富和多元，不要讓這種認知上「記憶自我」的選擇偏差，毀了我們在人生旅程中很多美好的體驗。

記憶自我容易有此錯覺，常只記下經驗中不愉快的部分。那是因為不舒服的感覺多和「危險」有關，注意並記住可能威脅我們的經驗，是生物自我保護的本能。但身而為人，我們需要學習如何「超越」這種「記憶自我」的錯覺。

在諮商中重建美好記憶

從我陪伴許多當事人的經驗，我認為幫助人們改變「記憶自我」的內容是相當可行的，而且是諮商中很關鍵的工作之一。

記得有位夥伴和我提過，他的父親相當嚴格且不苟言笑，但他崇尚自由，因而和父親關係很是緊繃，總是記得父親板著臉責備他的情景與那些傷人的話語，因此不願意靠近父親；直到父親生病住院，他去照顧父親時，突然想起自己小時候生病，父親幾次帶他去看病的經歷。特別有一次，天色很晚，父親揹著發高燒的他，匆匆趕去看診的影像……神奇地，另外一些和父親下棋、父親教他騎腳踏車、全家出遊的溫暖記憶慢慢地浮現於腦海中，那是他已遺忘許久但真切發生過的美好！自此，他記憶的內容持平了，父親有很兇的面向，但也有關愛部分……，他驚訝於自己之前竟然全不記得另外那一些！

對心理助人工作者言，已經發生的事和他人的事，我們都幫不了忙，能幫的可能也就是再次重看過往的一切，看到些之前沒記起的人、事、物，包括當事人自己的力量和當時所能做的選擇，然後重新理解那些傷痛經驗及其對自己的影響。至少，讓當事人能去擁抱、接納和原諒過往的自己。

當我們搜尋記憶時，可以主動地利用各類線索，如空氣中的味道、體感溫度、物品顏色、相關人物、場景細節和氣氛等等，類似偵探辦案「重建現場」的功夫，讓「經驗自我」有機會重新體會、還原事件當時正在經歷的過程。其中正向美好的經驗若能如實重現，能調整「記憶自我」所記得的不愉快，從而在腦海留下較持平的回憶內容。在諮商中，同樣也可以和當事人一起透過這些線索，修正「記憶自我」的內容。

諮商工作中，尊重和相信個案這個人是必然的，然而對當事人的主觀記憶卻要有相當的「保留」。因為當事人在過往情緒高漲的事件中，他到底記住了什麼？而現在這個當下他想不想或能不能提取？又提取了哪些？更要注意，在這數年或數十年的過程中，這段記憶在腦中的變化……

什麼是「真相」不重要了，也無從核對！但記得／想起什麼，可能正是心理師的「工作」方向——幫助當事人記起些遺忘了的美好經驗，而更理解自己以及和重要他人們關係的多元樣貌。

4 強化當事人的「主體性自我」

每位個案的困境雖差異很大，但處在難以解決的問題當下，都難免感到挫折和無力，信心大失，無法相信和肯定自己。因此，諮商工作的目標之一，就在於幫助當事人恢復或重建自信，激勵出本身的潛能，清明覺察自己和外在環境，從而能關懷照顧自己，並為自己做出更適宜的選擇。換言之，強化當事人的內在力量，使其能夠信任、接納和愛自己，是諮商中核心的工作重點。

我想先討論，所謂看重自己、接納自己和愛自己，到底是由「誰」來接納與愛「自己」呢？

當一位父親對兒子表達了接納和肯定，我們可以很清楚地知道，接納的「主體」是父親，而被接納和肯定的「受體」是兒子，是父親接納和肯定了兒子。而一位男士對心愛的女友說：「我愛妳！」，我們也分辨得出這簡單的三個字，「我」是那位男士；「妳」是指女友，主體和受體分明。

但是，若回到「我愛我自己、我接納我自己、我看重我自己……」，在這些問題上，所謂全然接納我們自己，接納的是哪個「我」？被接納的那個「我」又是誰？同樣兩個「我」很讓人混淆。哪個是付出愛的主體的「我」？那被愛、被照顧、被安撫的受體「我」又是誰？

我因此以多年的諮商實務工作經驗，建構出「主體性自我」這個概念。

主體性自我是「我王國」的國王

「主體性自我」就是上述所有「主體」的「我」。同時是了解與接納、選擇與照顧、愛與安撫自己的那個「我」。

「主體性自我」是個抽象的構念，更可說，「主體性自我」本身是「空」的。從另一個角度說明，我將人的整個自我當成一個「『我』王國」。若以「我王國」的意象來闡述，「主體性自我」就如「我王國」裡的國王。對國與國之間來說，國王就只是代表整個王國，這個國王本身什麼也沒有，什麼也不是；但同時國王又是涵蓋此「我王國」所有一切的「我」。

再詳細點說，這「我王國」的國王負責掌管國內的所有臣子——「我」所擁有的各個特質——讓這些臣子（特質）都各就其位、各掌其職，發揮各自的特性。有人侵犯

「我王國」的國界，國王就派兇悍、果斷的「國防部長」出征以保護國家；友邦交流拜訪，國王當然讓風趣、友善的「文化或外交部長」代表王國出去互動。王國中的每位臣子都有他們存在的價值，也都會對國王和這個國家忠誠，因為他們是榮辱與共的一體。

因此，一個人受到他人欺壓時，可以有選擇性地表現出自己強勢、有力量的一面，以保護自己；當參加好友聚會時，就以自己的開朗、幽默特質為主軸樣貌來應對。這些特質都是「我／我王國」的一部分或說一員，而指派以哪個特質為主來面對當下情境的決定者，就是「主體性自我」（國王）。

「主體性自我」必須有很大的包容性和良好的管理能力，才能接納與掌管所有的內在特質。然而，多數個案可能都沒有覺察到或注意到有這樣一個「主體性自我」的存在，甚至他們的「主體性自我」很弱，因此難以在生活中掌控自己的行為、情緒，不容易做出判斷和選擇，也談不到為自己負責了。

運用空椅技術覺察主體性自我

在我所專攻的完形諮商學派中，我們運用「空椅技術」來進行當事人的自我對話。其概念是：準備兩張椅子，讓主體和受體「兩個我」分別坐在上面。因實際只有一個人，對話過程是對著一張代表另個我的空椅子說話，故稱之為「空椅技術」。為使感覺真切些，我個人通常會找物件來代表坐在椅子上的人物，不會只是張空椅子。

舉例來說，曾有次諮商主要進行了當事人的主體性自我和他不喜歡的特質——冷酷、無情——對話，目的希望當事人接納此特質，能在受到欺壓時適當的運用它們，來保護當事人自己。我請當事人先坐在某張椅子——「成為」這特質，來說說話。當事人平時很壓抑此特質，不准它表現於外，因此成為此特質時也不容易表述自己。因此，我需要細緻地引導和同理此特質，使之能表達心聲，更說出自己（這特質）對當事人的正向功能。然後，確定此特質說完，我請當事人坐到另一張椅子，回到他的主體角色來回應冷酷、無情特質。[3]

同樣的，心理師也可引導個案內在情緒混亂或脆弱受傷的部分，以任何一個物件代表這受傷的我，放在適當的位置或放在某張空椅子上，由當事人拉開距離，真切看見那受苦的自己，進而予以同理、疼惜、接納與擁抱。

心理師若能協助當事人將既是主體又是受體的兩個「我」分別開來，再試著引導較成熟理性的「我」，即「主體性自我」，去照顧和疼惜幼年時受傷的自己，或是安撫正被強烈情緒籠罩或淹沒的自己——若「主體性自我」能在諮商室裡做得到，那當事人自我接納和自我照顧的能力，以及當事人的自信和自我效能，自然都能慢慢增加。

而對於個人的內在衝突拉扯（如同時存在趨避、雙趨、雙避衝突的需求），讓人猶豫不決的兩難狀況，不知如何選擇的困境等等，若「主體性自我」夠強，自然能當個好國王，有效協調、判斷，甚至做出適宜的裁決。

受到中華文化較重視關係忽略個人的影響，我們的自我通常較弱，且不易自我負責，容易貶抑自己而缺乏自信心，並且個人心理界限模糊，因此，特別需要強化「主體性自我」。我常常能夠感受到，一旦「主體性自我」現身，諮商過程就如找到一把萬能鑰匙，一切都豁然開朗。

在諮商工作裡，我們並不需要向個案說明或解釋「主體性自我」的概念。只要透過在諮商中實際自我照顧的體驗，讓當事人的「我王國」（自我）逐漸鮮明，「主體性自我」的力量也自然提升了。

對心理師而言，這樣分開兩個「我」，真實做到兩個「我」自我對話的練習，具有一舉兩得的成效。一則，心理師協助當事人學習到的是「釣魚」的方法，讓當事人在生活中可以自行安撫與照顧自己；再者，「主體性自我」出現運作的同時，出現的都是當事人已經能實際做到的事，而他也在當下親身體驗到自我接納。心理師若具體反應這些事實給當事人，自然可強化當事人內在核心的自信。

我之前對心理學重視「自我」的力量，而東方或佛家哲學強調「放下我執」的精神，常感到困惑與矛盾。這兩種觀點我都認同，也認為同樣的重要，可兩者好像又是對立且相互衝突的。自從我體會到「主體性自我」的存在，這樣的疑惑也迎刃而解。

因為，「主體性自我」本就是「空的」，在「我王國」中，更是個虛位元首，沒有了國中的臣子、人民和國土領域，國王本身什麼都不是。強化了這個國王的能力，只是用來治國，使國力強盛。當國泰民安，所有人民都各司其職、齊心合力的為自己的國家好，國王自然可無為而治了——這不就和「放下我執」具異曲同工之妙！

我想，我能發展出「主體性自我」的概念，和我內在對人堅定的信念，相信「每個人都是向善的，本具清明覺察和為自己做出選擇的能力」有關。因此，在諮商裡，我總能看到當事人具有為自己負責的內在力量，以及可以運用的正向資源。

於是，我能相信每個當事人不論正處在多大的混亂痛苦狀態，他的「我王國」之國王也一定擁有成為寬大、無私、公正、有能力掌管國家之潛能——即，有力量的「主體性自我」。

5 處理當事人的「傷口」與「痛」

前來諮商的人們多半正在受苦中，或至少有個待解的心結和想要處理的困境困擾他們一段時間，已無法用自己熟悉的方式因應。因此，諮商工作在陪伴當事人面對這些狀況時，不可能只是個平和溫馨的過程。

我想用人們身體受傷的「傷口」概念，比喻在困境中受著苦而心裡有傷的人們，他們可能不只有一處傷口，甚或是遍體鱗傷的。因此，也有人說心理諮商或治療是個療傷的過程。

一般而言，人們都怕痛，特別是心裡的傷痛，以致受了傷——尤其很多人受傷時年紀尚小，或造成傷害的事情持續發生——卻沒能力或足夠的時間好好去治療它，只能很快地隨便把傷口蓋起來，不去理它。不去看心理的傷，疼痛似乎也就能輕微些。但傷口因沒有消毒、治療，再經過不少時日後，化膿、潰爛的機率很高，容易造成身心更大的傷害。當然，人也是有自癒力的，如果受的是小傷，不論身體或心理的傷口都會自然癒合。

然不少年輕心理師害怕碰觸當事人的「傷口」，怕動到傷口會讓當事人痛得受不了，甚至過度認同當事人的痛苦，好似碰到這傷口自己也會痛徹心扉。有些心理師也怕自己處理不了那已惡化的傷口，以致無法好好陪伴當事人面對過往的傷痛；也有些心理師看到當事人觸碰到傷口的痛，而自責那是自己去掀開傷口所致，而無意識地想躲開。

其實，傷害若已經發生了，傷口也就在那兒。不碰它，傷口仍會隱隱作痛，不處理只會越來越嚴重。若心理師都不敢看傷口，那當事人如何復原？在療傷過程出現痛苦時，當事人本能上會想逃、不想碰了，這都是很正常。心理師不需要因為心疼當事人的痛苦就立即跟著停下來。

當然，處理當事人的傷口必須非常謹慎。若已清楚感受到當事人療傷過程實在太痛，我們自然也要放慢腳步，或更動處理的方式。

當心理師在諮商中「接觸」到個案的傷口，當事人也願意在心理師陪伴下去面對時，處理傷口才得以進行。而在清創、療傷前，心理師首先要確認諮商關係的信任程度，並帶著高度關懷之心，用夠好的同理心支撐住當事人，這就如打上適當的麻醉藥般，可以減輕疼痛。心理師更要真心誠意地相信當事人的智慧與勇氣，能以意志力去克服痛楚。而且，人們也都有自我保護的能力，如果當事人真的受不了，必會拒絕去碰觸他的傷口。

療傷不必然重啟過往記憶

我們必須記得，不論是面對過往、近期或是現在內心受了傷，總是得先關注傷口，以專心好好治療它為重。

也就是說，療傷時去清創，清洗傷口真的很痛！但我們需要經歷的只是清創、消毒傷口的痛，而非再回到受傷時的痛苦感受，更不必要重新經歷傷痛事件一次。

實際的做法是，先以現在自己——至少比受傷當時有力量——去面對和關心內在受傷的那個「我」，然後能同理、照顧、疼惜受傷當時的「自己」。

若當時的自己想要發洩憤怒、想要痛苦大哭、想要捶打枕頭、想要和傷害我們的人對話或怒罵他們……，自然都是可以的。現在的「我」或說「主體性自我」更要允許並陪著一起哭泣和發洩。但千萬記得「現今的我／主體性自我」是陪著「受傷的自己」，不是整個人一同掉落於過往的傷痛中……

在諮商中，心理師要陪伴在旁，適時地協助當事人讓其「主體性自我」現身，並提升其力量，去照顧傷口或受傷時的自己。

完形諮商中處理「未竟事宜」時，也是秉持這樣的精神，強調將當事人過往的傷帶來到此時此刻工作。這是「重建現場」，絕不是要「回到事發現場」。前者，當事人較以旁觀者的角色重看當年事發現場的一切。在當下，當事人的「主體性自我」具備力量，才可能進行療傷。就如電影《扭轉未來》主角洛斯年屆四十歲前，幸運地和已被他刻意遺忘的八歲自己再次「相遇」。他們兩人決定攜手穿越時空回到過往，再次經歷小時被霸凌、被父親嚴厲責備，以及母親過世的痛苦經驗。小洛斯哭著說：「沒有用，什麼都改變不了，媽媽最後還是死了……」然已四十歲的洛斯，雖然同行卻處於陪伴的旁觀位置，能對當年所發生的一切，有重新的了悟。

而後者，「回到事發現場」，則如小洛斯則是再次掉入受苦的過往事件中。因此，若當事人的主體性自我很弱，甚至出不來，就不宜直接讓當事人去面對和處理傷口，特別是舊傷。那過程因過於艱辛、挫折，反而可能加重傷痛，讓當事人的日常生活更為混亂，或造成當事人逃開諮商，不願再來。

同時，若只是以回憶的方式重複敘說傷痛，有時反而會加強痛苦的記憶。有些當事人因此容易陷在受害者的位置，覺得都是過往的事件害了他，或是認為全是傷害他的人使他如今無法好好面對自己的人生，如此一來，個案將更難以自己的力量為現在的生命負起責任。

心理諮商的手術隱喻

此外，我想談談有人以「開刀」、動手術比喻這類的療傷過程。的確有些大傷需要深入處理，如嚴重生理疾病必須開刀手術才能真正治癒。但心理的創傷在處理上實在比生理疾病複雜太多。是否動手術，或需動何種手術，實在需要更謹慎的評估。

首先，所有的療傷都要慎選治療方法，但評估的不只是選擇最適當的方法。當病人的身體太虛弱或癌細胞已經擴散，就不適合開刀。而現在醫療科技進步，開刀也有很多方式，傳統刀、內視鏡、最新型的質子刀，需視病人本身的狀況、傷口的位置（可相對於心理傷口發生的時間），以及經濟和環境條件（相對於當事人能夠諮商的次數）等因素，決定何種手術最為適合現況。

且不管做何種手術，醫師必須清楚告知何以如此選擇，而病人在接受後，也要做個「好」病人，負起自己該負的責任，配合努力學習照顧開刀後的傷口，以真正復原。

而生理疾病的開刀手術和心理議題的處理，我認為最大的不同有兩點：一是生理疾病手術，完全由外科醫師操刀，動手術時病人在麻醉藥劑的輔助下，完全不用做任何事

（手術前，由專業的麻醉醫師進行麻醉）。然而，心理諮商的「麻醉」則是門大學問。

第二，心理的傷無法像生理疾病般移除那些不好的東西就治癒。例如我得了肺腺癌，可以經過手術切除有惡性腫瘤的一片肺葉，加上數次化療，就能恢復某種程度的健康，只要定期追蹤即可。心理的傷也不能更換或移植新的器官，如某些人換人工關節、換腎換肝，只要手術成功即可大致獲得療癒。

心理的傷需要長期緩慢的治療過程，心理師和當事人在過程中也都得負起相當的責任。傷口復原的狀況進進退退，更是常有的現象。

心理師必須對療癒人們心裡／理的傷之過程，有更清楚的理解，並好好磨練自己療傷的能力，才是王道。

至於，療癒心理上的傷痛，那所謂的「痛」多是以情緒的方式展現。而有關情緒的了解與處遇，我將在本書第五章中詳細討論。

6 諮商是個連續的歷程

助人過程可以很清楚地分為探索、洞察、行動三個階段。透過這三個階段，助人者以不同技巧與個案建立關係，協助個案進入內心世界，了解自己，接納自己；進而產生頓悟，豁然開朗；最後自然而然形成一股改變自己的力量，有所行動，並解決問題。4

——克拉拉．希爾（Clara E. Hill）

諮商歷程的連續性

我同意諮商歷程的確是有階段性的，但各階段絕非單純的線性發展，而各階段也不可能是截然分開的。我個人認為，心理師更需要注意諮商歷程的連續性。

例如，諮商關係的建立必然是漸進式的。尤其到了洞察階段，當事人需要面對內在壓抑、逃避的事件和感受，諮商關係反而可能較不穩定，此時，心理師更需要關注諮商關係的問題。頓悟的產生亦然，在諮商的歷程中，當事人時時都可能有小的新體會或對自己的重新理解，有時候，第一次諮商當事人就產生了關鍵性的頓悟；而如焦點解決諮商的觀點，重視的是小小的行動改變——「不要看輕了小改變，小改變可以引發雪球效應，造成大改變……」[5]因此，小的行動實踐，自然也可以在諮商的任何階段發生。

不少實習或新手心理師會問：諮商要到何時才可以使用高層同理和面質等挑戰性的技巧？何時適合進行「實驗」或空椅法？我總是給出讓他們感到更焦慮的回應：時機對了，隨時都可行。

實際上，這個回答是相當真切的。

諮商剛開始時，自然以「跟隨」、傾聽、同理為主，輔以探問，以更理解當事人；此時，較少用到所謂「挑戰」如面質等技巧。但若有位當事人急切地說個不停，且內容相當混亂。心理師適時打斷當事人是必要的，甚至用面質也行。例如，以關懷的態度：「我想請你稍停一下，我猜你急著想告訴我所有發生的事，期盼快速改善你的困境，但好像越急，越是說不清楚了，你也感覺到了吧！」

在開始的幾次諮商中，有些心理師會過度小心翼翼，覺得還在關係建立期，不敢深究些已經清楚浮現的狀態，彷彿建立關係是個獨立的階段，錯失很多「工作」的契機，甚是可惜。而且當事人在諮商剛開始幾次，也會有些試探性地述說，期盼心理師能進一步問他，或聽懂他想要說，卻還不敢直說的事情。心理師固守關係尚未建立穩固而沒跟進，對諮商關係的建立也是一種阻礙。這讓當事人反而無法信任心理師。

每一次諮商之間也要連續

諮商歷程連續性的另一個重點是，每一次的諮商之間也必須是連續的。

多數的個別諮商安排一週一次，一次五十到六十分鐘。心理師除了要注意將每次諮商連貫起來外，更需要認知到，在每次諮商間隔的這一週裡，當事人實際生活發生的狀況。例如，當事人可能在兩次諮商期間做了小的調整和改變，主觀感受到些許的進步或退後（退後感可能在前次諮商中，談到了某些傷痛事件，當事人在週間難過情緒浮現的次數較多而生），或周邊重要他人和當事人有特殊的交流等等。

雖然不可能在諮商短短一小時間，去了解當事人一週間的生活，但意識到這件事，就比較能夠將一次次的諮商真正串聯起來。

因此，在諮商的初期，每次諮商與諮商的間距不宜太長，每週一小時還是比較適宜。不論對心理師或當事人，都比較能掌握到諮商的連續性。

有些個案會因學期制或工作關係等各種因素，暫停一個月至數個月後再繼續。更有的個案諮商結案幾年後，遇到新的狀況再度來談。這類個案，心理師更需要注意其前後的連續性。

7 諮商歷程的節奏性

對整個諮商歷程而言，節奏的調節和時機（timing）掌握是相當關鍵的一件事。有時諮商進程需要快些，心理師的力道和引導性必須跟著加強；但有時必須慢下來，甚至停頓一陣子，心理師只專注地陪伴著當事人。

諮商節奏過快，超前了當事人；或太慢，讓諮商產生不必要的停滯，都大大影響諮商的進展和效能。而每個不同的當事人、當事人面對的不同困境、每次諮商的狀況、不同的諮商關係，諮商過程起起伏伏的變化等等，都會微妙且交互作用，影響著諮商節奏。節奏的變化往往又是難以預期，考驗著心理師如何在每個當下立即、明快地做出速度的調節。

同時，依據我的諮商理念，重在跟隨個案。因此，要說明掌握諮商歷程節奏所依循的準則，實在是個不可能的任務。某種程度或許也可說，諮商歷程的節奏「決定權」，主要落在當事人身上。

本文只試著談談每次諮商的開始與結束。

每次諮商如何開始

有些心理師尊重當事人，每次諮商的開始，由當事人決定想談的內容。另有一些心理師主張，透過一、兩次諮商訂定了諮商目標後，就該由心理師引導諮商的起始，較能有效能地進行。一般而言，前幾次的諮商以當事人想談的內容為主，到了較為後期，諮商方向清楚了，自然多由心理師主導。

但我覺得這些並非重點。最主要的重點在於：如何在諮商開始時幫助當事人盡快地真正進入諮商狀態。我通常會關注當事人和我碰面那當下的情況，包括他是早到在外等候或是遲到，他看到我第一眼的神情、這次的打扮穿著，以及整體的精神、氣色和表情如何等等。進入諮商室坐定後，我會以我的觀察為基礎，反應我看見的狀況，問候當事人和之前幾次不同之處；或問問當事人今天進入諮商室是否看到什麼，或對我和諮商環境有什麼和之前不一樣的感覺等等。這樣的開場，能很快地把當事人引導進入此時此地，接下去兩人就容易有共同默契，順利開啟當次的諮商。

每次諮商的結束

每次諮商的結束也是需要注意的。

在每次諮商的最後，留點時間對當日所談的內容做歸納整理，是很適當的。諮商關係比較穩定時，也可由當事人來摘要當次所談重點。這一方面可讓當事人有清楚的結束感，不會帶著未「完成」的心，回到現實生活中；另一方面，也讓當事人深化當次諮商所得——雖然，並不是每次諮商都會有明顯「進步」，但一定有些新的理解或體會，讓當事人回去可以醞釀和思考，以有效連接下一次的諮商。

若在諮商要結束時，當事人還處在強烈的情緒狀態，心理師更要有好的收尾。就如，在諮商裡打開了當事人之前藏起來的包袱，心理師必然有責任在當次結束時，一起和當事人重新再把包袱收拾好，不要造成當事人被這些情緒過度干擾日常生活，至少將對生活負向的影響減到最低。

例如，任教台北護理健康大學的郭瓈灩心理師曾和我提到，她的一位當事人在某次諮商後段，想起了之前壓抑而「遺忘」的幼年遭性侵的可怕經驗，當下心理師雖無法真的在這麼短的時間收拾好當事人的情緒，只能盡心的「收尾」。她做了兩件很棒的事：一是預告當事人在這週間可能會有的情緒和行為反應，讓當事人有心理準備，不會太過慌亂；二是很有創意地想到：送給當事人一支「神奇筆」（其實是一支普通的原子筆），這支筆能畫出一個空間，暫時困住恐怖的記憶和痛苦情緒。當事人若在這週對這件痛苦的事揮之不去，就用這筆在紙上畫個盒子或圈圈，把它裝進去，並且在諮商結束前，實際練習了一次這方法。

當事人過往壓抑的可怕記憶，重新回到意識層面，那記憶中的痛苦情緒容易在週間不斷襲擊當事人。心理師做了這樣的收尾，至少讓當事人有些心理準備，並能在回憶引發強烈情緒時，能有個自我照顧的方式。

以下歸納收拾包袱（當事人的強烈痛苦情緒）的幾項要點：

1. 請當事人調整呼吸，逐漸平穩情緒。
2. 以適宜的身體接觸提供當事人力量。如心理師用手撐住當事人的背部、握住當事人的雙手。
3. 打預防針，讓當事人知道在這一週中可能會有些情緒的翻攪，或討論現實中可能有的變化。這能夠讓當事人即使感到不適，也因為心中已有準備，而不致過度擔憂。

4. 討論在下次諮商前，若情緒起伏過大，當事人該如何照顧自己。

我個人相信，心理師如具備紮實的專業訓練，有效累積實務經驗，並在每次諮商前做充分的準備，並保持高度清明的專注，再加上本身不斷「自我修練」，一定能用最好的方式開始和結束每次的諮商，做出最恰當、最有效的「時機判斷」。

而修習這些「功夫」的方式，都會在本書其他各篇章陸續討論。

8 諮商歷程中心理師位置的轉換

心理師的難

在諮商歷程中，心理師的感性和理性兩部分必須恰如其分地交錯出現。有時心理師需要開放自我，感性地投入當事人的世界，試著感同身受地理解當事人，和他建立安全與信賴的關係。然而，在「進入」當事人的主觀世界或現象場，體會到他的情緒，也理解其行為及看待世界的主觀觀點後，心理師更必須有辦法讓原本的自己「全身而退」，回到心理師這個人自己。

在這樣進進出出的過程中，心理師應盡可能不帶著自己的主觀認知和無意識的情緒或投射進入當事人內在，而在退出時，也能不受當事人內在的影響，以轉換到另一種位置——保持某種程度的理性和冷靜，有效執行心理師的專業功能。

在短短的五十到六十分鐘裡，心理師要不斷地適時變換這兩種位置，實在不是件容易的事，但我認為這是做好諮商工作很關鍵的一點。

例如，當事人感到自己是個受害者，心理師體會當事人的感受後，若無法轉換回到自己的位置，就容易被激起拯救者的心態而與當事人「共舞」。這甚至可能強化了當事人被害的感覺，或者過度「認同」當事人受苦的情緒，尤其是當事人的無力感。如果兩人一起陷入無力的狀態，那諮商就難以順利進行了。

存在治療大師歐文．亞隆說：「要從病人的窗戶往外看，試著去看病人所看到的世界。」[6]

卡爾．羅傑斯則說：「同理心的理解，是治療者能準確而同感地了解受輔者的世界，宛如那是自己的世界。但不會忘記『宛如』（as if）的這種性質。」[7]

以兩位大師的觀點來看，心理師是有意識地選擇到當事人的窗戶往外看，清楚體會當事人眼中看出去的世界原來是怎樣的。但心理師當然還是得回到自己和心理師的位置，更不能忘記這到底只是「as if」，不是嗎？

我們懂得當事人的痛苦處境與困難（至少一部分），是因為看見他所處或所見的世界。可是當事人這主觀世界，包括對自己的主觀認定，是否有些是他看不清、誤解的，或與現實世界有所「落差」的？這些也就是我們可以陪當事人重新檢視的部分，協助當事人有機會跳脫被過往經驗所困住的現況。要做到此，心理師需要自由地在感性同感和理性清明兩種位置反覆進出。

另外，心理師也必須在對個案全然的接納、支持與給予挑戰、「挫折」之間取得平衡。在諮商歷程裡，我們有時需要用挑戰性的諮商技術，如面質，或設計適合的「實驗」，讓當事人重新體會那些使他困住的狀態，找出是否有可鬆動之處，以促成其改變；但如果當事人有些想當然爾或過度理想化的選擇時，心理師也須適時提出「質疑」，挫折個案，以幫助他應對現實狀況。

太極圖的啟發

在心理師位置轉換這概念裡，我也喜歡用中華文化裡「太極圖」的精神。太極圖一半為黑，另一邊為白。而黑中存在白點，白的部分也有黑點。代表著陰與陽二者相互轉化。這是一個黑白／陰陽對立、相依、消長與流轉的狀態。

心理師要面對內在的這種相對又依存的狀態，彈性而流動的調節自己，並在諮商歷程中順勢轉換位置。

從面對當事人的角度，太極圖也給我很大的啟發。當我們接觸當事人痛苦的黑暗面時，不但可以協助減少當事人受黑色部分的控制和籠罩，更可以從另一方向著手，即強化、擴充那黑暗面中的白點部分，也就是利用雖少但存在的正向能量及偶發的成功經驗，將其加深、放大。

每位心理師都有他獨特的個性，有人感性強，輕易可以感同身受地體會當事人的情緒；有的人較為理性，總能客觀的理解分析當事人的狀況。因此，了解自己的特性，有意識地去訓練自己較弱的部分，學習「控制」習慣過度使用的強項，才能更自如地在兩個位置上適時移動。

9 諮商中社會文化的議題

從來沒有人能用不帶任何色彩的眼光看這個世界，一組特定的風俗、制度、思考模式塑造了我們對世界的看法……一個人自出生落地，社會的風俗就開始塑造他的經驗和行為。更進而到成年而能參與社會活動時，社會的習慣就是他的習慣，社會的信仰就是他的信仰，社會的盲點就是他的盲點。8

——人類學家潘乃德（Ruth Benedict）

因此，心理師在面對每位獨特的個案時，對於他所生活的社會環境，所經歷的文化洗禮，以及成長背景之歷史脈絡，必然要有所認識；同時，個案主觀對其外在社會文化的感受與認知，也是心理師需要探究的部分，以作為深入理解個案的基礎。

認真面對社會文化的作用力

台灣社會的文化議題相當複雜。

我們是個海島國家，具有海洋文化的特性——流動、開放、多元和具包涵性的。台灣也是南島語系文化的重要島嶼之一，原住民在此福爾摩沙寶島生活久遠。台灣更曾經被荷蘭、葡萄牙、日本統治過，尤其日本殖民時間長達五十年，我們多少都受到這些國家文化的影響。當然，因與中國地域的接近性，被清朝納入其版圖，加上中華民國遷台數十年，我們自然還是受中華文化的影響最大。

然而，本文重點不在討論台灣社會的文化議題。本篇的重點，旨在和心理助人工作者互勉——我們不能只關心個人的人格發展，也要認真面對社會文化議題，理解到：社會文化對形塑一個人有非常廣大和深遠的作用力。

特別我們所受的心理與諮商訓練，其專業知識多來自歐美文化，在實務運用上勢必要下所謂的「本土化」的功夫，才能在台灣社會特有的文化背景下有效運用。

而在敏察個案的社會文化背景之前，更需先細細探究我們自己所經歷的文化議題，及其在我們身上的作用力。那是成為現在的我們之核心影響因素。

而所謂社會文化，不只指整個社會。我們成長的鄉、鎮、社區的文化特性，以及家庭、學校、世代間或各社會階級的次文化等等，都同樣重要。

以下僅就我自身的觀察和探索，分享些我個人的文化觀點供參考。而文化議題中有關影響個人價值觀和情緒特性兩部分，則在下一章和第四章中討論。

我所看見的文化特性

不同文化下的家庭關係、親職角色、夫妻權力、親子關係等都有其特性，深入了解其文化內涵，才能真正懂得當事人在其家庭中所形成的行為模式與人格特性。

例如，中華文化重視家族取向，更偏向關係取向與他人取向。前者希望和他人維持良好和諧關係，以和為貴；後者需要在他人前保持好印象，並敏感於他人的評價，超重視面子。這樣的文化特性，自然以關係為重，而較忽略個人的自主與獨立性。

夫妻關係上，我們大多仍承襲男主外、女主內的觀念，特別是在子女年幼時期，照顧者仍多以女性為主。當夫妻關係不好，妻子因家庭角色關係，自然把期待和感情寄託在孩子身上，可能以各種過度掌控的方式抓住孩子。夫妻間發生衝突時，則容易拉孩子進戰場——不是雙方各自拉孩子建立同盟，就是讓孩子成為協調者、傳聲筒、擋箭牌，更甚者，會把對伴侶的不滿情緒轉發在孩子身上。

在親職教養上，我們的父母還是保有較權威的態度，不太重視孩子的意見、想法以及隱私等。即便在民主風潮引領下，父母在孩子小時候可能寵愛，以孩子為重。但在人生選擇與決定上，仍會以「一切都是為你好」為由，為孩子做出各種重要的決定。而對孩子的表現和成就，更期盼符合社會主流價值——有好的成績、考上名校、找到收入高或穩定的工作。同時，重要的不只是為孩子本身，而是為家庭和父母爭光，不能丟家裡的面子。

當然，在這樣的文化特性裡，也就不太重視「主體性自我」和自我界限的發展。台灣的心理學家余德慧，早在三十年前，就因此提出中華文化下親密關係的「折翅的遊戲」：

一位加州心理學家說：「當人在有所選擇之前，他必須有個完整的自我；即使人與人之間有分分合合，依然不會損及個人的完整。這不是美國人的高調，這是人類比較接近現實的關鍵觀念。」然中國文化的和合概念，只放在理想國裡供奉，而放在現實生活裡履踐，就必須背負個人折翅的代價……

「折翅的遊戲」是一種忠誠的遊戲，它的法則非常簡單，當個人要與另一個人共效于飛時，彼此會要求對方摘掉一隻翅膀，使兩個人共用各自的單翅，齊心協力地往理想的天空飛去；兩個人一雙翅膀，那是母親與兒子的親，丈夫與妻子的愛；

在家庭裡，它的語言是「孩子，媽犧牲吃苦，就為了你爭氣」；在談情的咖啡廳裡，它的語言是「跟著我吧，我會為你犧牲一切。」相忍相攜是我們的信念，為了和諧，我們必須犧牲一些自我。犧牲——一種中國式的美德，一種折翅的遊戲。如果今天中國人不願意再背負這沈重的自我犧牲，中國人就必須重新面對新的十字路口——把共翅的觀念放回「同飛」的意義，每人的翅膀長在個人身上，並獲得尊重，合作與分享具有相疊的部份，使得個人在選擇投入與允諾之前與之後，都有完整的自己。[9]

在我們文化裡，如勤奮、堅毅、認真、求完美、順從、乖巧、隱忍、自我要求高等等，是較被推崇與肯定的特質。若當事人的痛苦剛好就來自這些特質，要調整或改變將特別的困難。像我年輕時，過度「認真、求完美」使得焦慮情緒過高，身體也受到損傷。我因學習心理諮商領域，自知需要略作調整，但總擔心若降低一點這樣的特質，我的表現一定會退步、變差，其他人也可能因此不再喜歡我了，使改變特別緩慢。這些被社會認定的好特質，在諮商中的確反而難以鬆動。

東西方文化差異：有關女性／母性

在我自己的成長經驗中，經歷過女性角色展現上的困難與矛盾。後來，才理解到那是因為我的「女性／女人」和「母性」兩部分發展得很不平衡。我是長女，母親抱持著把老大教好，即可讓「大姊」做弟妹的榜樣並能協助其管教子女的心態。我又十五歲就進入師專學習教育，以致母性發展得過早、過大，但後者卻又因為受傳統禮教束縛而過於自我貶抑。

後來閱讀有關歐洲的歷史，包括希臘神話，再比對中華文化的起源和演變。讓我更發現：我們文化中「女性」和「母性」還真容易是分裂的。

中華文化確實重男輕女，貶抑女性，女性只是男性的附屬品。孔子都說：「女子與小人難養矣……」，而女子更要守三從之道：在家從父，適人從夫，夫死從子。但是因為我們同時尊崇孝道，使得孝敬母親和孝敬父親則同樣重要。

而且，孝道中「不孝有三，無後為大」，一位位低無名的「女子」，生下兒子，就可以從低下的女子角色，轉化成為被尊崇的「母親」。尤其是兒子爭氣，得功名或賺大錢，此女性因母親角色而大大提升其地位。自古以來，在我們的大家庭中，母親、祖母，甚或皇帝的母后，都是權柄在握的重要人物。

此外，在親子關係上，也因上述母親角色不同，文化展現上有所差異。

其一是伊底帕斯情節——弒父娶母；連至高的天神也多是殺父或囚禁父王，才得以「登上」王位的，宙斯就是。而東方的神話傳說故事中，則是父親企圖（差點）誤殺兒子，如苗族就有傳說，說伏羲遇見武功高強的小夥子，擔心自己的權位被奪而殺了他，結果他誤殺了這個因為自小送去學武藝而已不認識的兒子。

伊底帕斯的核心是父子競爭妻子／母親，且通常兒子在一開始是明顯落敗的一方。但東方不同，母子關係緊密，兒子不必奮力和父親爭鬥，父親反而常在這部分「落敗」……

其二是西方對「性慾」力量的重視。剛開始讀希臘神話，總是覺得不解，西方人何以會創造出性慾高張、到處灑「種」的天神宙斯？我們的神話中則似乎很少談到有關性這部分。傳說故事中，反而是商紂被狐狸精化身的妲己迷惑，精氣被吸光而敗亡。

我後來看《受傷的醫者：心理治療開拓者的生命故事》[10]一書，發現佛洛伊德年代的心理治療大師，多數都會談到有關性慾論述，這算是歐洲心理治療發展的核心理論之一，我才對此有些懂得。

宙斯的妻子善妒，宙斯只好偷偷到處亂來。這表示天神只有一位正式的妻子，不像東方歷代有錢有權的男性都可三妻四妾，皇宮中更是後宮佳麗三千。在西方，至少天主教盛行時代，教義上規範國王也不能有二妻。英國國王亨利八世，想和原皇后凱薩琳離婚再娶小三，教皇不准，這場離婚戰拉鋸了四、五年，最終亨利八世借著歐洲大陸新教之崛起，與羅馬教廷決裂，自立為英格蘭的宗教領袖，才能再娶。

西方生活中性的壓抑，讓神話和無意識充滿了性。東方則只壓抑女性的性，女性只有為滿足男性才能展現性慾。

因此，東方女性的「女人」角色，特別是性的部分，是被抑制的；而照顧他人的母性角色卻備受推崇，但這也成了另一種對女人的桎梏——背負生育、養育子女的重擔，自我發展因而受到限制。當然，隨著時代變遷，傳統觀點鬆動不少，在諮商室裡，心理師需要以每位個案各自的狀況來了解其所承襲的文化影響。

現今台灣社會文化中的矛盾議題

在此，我只簡單的提出幾點我個人的體會，試著闡述所觀察到台灣社會的矛盾現象，算是拋磚引玉，希望引發有心投入助人工作的朋友，探討這些議題對實務工作的影響。

1. 我們自幼學習儒家孔孟的人性本善論述，似乎相信人性本善、人溺己溺等信念；但是我們整體社會的制度卻是以防弊為主軸設計的，沒那麼相信人們能守法守紀。我們生活中的氛圍也存在防人之心不可無、不太相信人生來就是向善、向上的。父母、老師更是如此，認為如果不督促孩子和學生，他們就不可能自動自發。這些社會的現實運作反而比較像是崇信人性本惡的思維。這可能造成我們內在對人的矛盾感與錯亂感。

2. 我們傳統文化是關係取向，以和為貴的，但受資本主義影響，特別在工作領域裡，則是高度競爭的狀態。這讓至少部分人在其中感到無所適從，並帶來超大的壓力——職場上的人際關係更成為困擾人們的議題之一。

3. 家庭關係的變化與不變。這部分的變化之大之快，真是超出我們的想像。就以少子化問題一事觀之，重視家庭之香火傳承的文化基底，卻在二〇二〇年台灣的生育率降到全球最低。根據內政部統計，近六年台灣出生人數，從二〇一五年二十一萬三千〇九十三人，逐年下滑至二〇二〇年十六萬一千二百八十八人。但

家庭內部的關係而言，如婆媳、親子等，似乎變化並無太大。很多傳統的議題還是鮮明地存在著。

4. 政治氛圍在台灣影響至大。中國、台灣這百年來的歷史創傷，仍深深地影響著我們。此外，政治意識形態的二分對立，以及部分人們國家認同的錯亂感，這些很容易讓我們內心充滿不安全感、無力感……

這些文化議題本身會交互影響，再複雜地作用於我們每個人身上。我們在諮商中面對的個案，雖談的是個人的困境與痛楚，其實都難逃社會文化龐大又潛在的影響威力。

【註釋】

1 曹中瑋（2009），《當下，與你真誠相遇》，頁39。

2 丹尼爾．康納曼（2012），《快思慢想》（洪蘭譯），頁492，天下遠見。

3 本例收錄在我的完形取向教學影片第二部「認回自己內在的蟒蛇：主體性自我的兩極工作」。曹中瑋（2019），《心理諮商運用：曹中瑋老師完形取向教學影片》（DVD四片）。旭立文教基金會。

4 摘自希爾（Clara E. Hill, 2021），《助人技巧：探索、洞察與行動的催化》（第五版，田秀蘭譯），學富文化。

5 洪莉竹（2007），《稻草變黃金：焦點解決諮商訓練手冊》，頁 42，張老師文化。

6 亞隆（2021），《生命的禮物》，頁 79。

7 卡爾・羅哲斯（1989），《成為一個人：一個治療者對心理治療的觀點》（宋文里譯），頁 334，桂冠。

8 人類學家潘乃德（Ruth Benedict）在其《文化模式》一書中所言。間接摘自陳國傑、蕭文杰（2009）〈日據時期台灣視覺藝術中的原住民圖像〉，《康寧學報》，11：107-126。

9 余德慧（1990），〈折翅的遊戲〉。出自《張老師月刊》148 期。

10 林克明（2014），心靈工坊。

第2章

心理師這個人

本章試圖討論心理師的「真實自我」與「專業角色」兩者的分與合。前者重在如何自我修練——從自我覺察、自我探索到自我接納與和好，並釐清個人價值觀、情緒與人生經驗的影響，以及懂得建立良好的自我界限，好好照顧自己的身心。

而心理師更必須站好自己專業角色的位置——先要融會貫通心理與諮商的理論知識，精熟基本的諮商技巧，再專精某個學派，逐漸形成「個人諮商理論」。

1 真實自我與專業角色的分合

治療師最有用的工具是什麼？就是治療師本人。1

——歐文．亞隆

心理助人工作者「這個人」就是最重要的「工具」，做好這份工作勢必以修為自己為重。

但是只靠修為這個「人」本身就夠了嗎？我認為不行，那不可能將心理助人工作做得夠好。心理助人工作者必然需要經過相當多的專業訓練，具備充分的專業素養，且在諮商室裡以專業角色執行工作。

專業素養和真實的人，這兩部分的訓練方式和方向雖看似不同，卻無法截然劃分。也就是說，培養專業素養和個人的整合成長，其實是一體的兩面。

譬如，在學理部分，要能真正去理解人，需要學習發展和人格心理學、情緒的相關理論、家庭與各種社會團體的系統運作、諮商理論與運作模式等等。我們每個人都是如此長大，也都生活在家庭、社會之中，這些理論知識和我們的經驗息息相關。因此在學習的同時，自然能幫助我們更加認識自己，覺察自己的成長經驗，檢視自己是如何受到家庭、學校和社會文化的影響。並且，所謂學好、學通相關理論與知識，必然意味者將其內化進我們內在的現象場，和我們自身的經驗融會貫通，且能應用在自己的生活之中。

至於諮商技術的運用，也是由「我」這個人使用出來的。每個人獨特的核心態度和說話風格，一定會左右這些技術（如同理心）呈現的樣貌。同時，心理師需要將諮商技術練就到爐火純青，運用上完全不需思考就能使出來，有如練劍者進入人劍合一之境。

在心理師「這個人」身上，真實的「我」，將因接受了專業訓練而更加成熟，心理的各個面向更加整合；而心理師的專業素養，也將因為「我」真誠一致、用心投入自我成長，而能學得更好。這兩者必是相輔相成、相得益彰的。

我個人認為，在諮商工作時，真實自我與專業素養是自然而然地整合運作的。兩者需要區分的是，心理師的「主體性自我」在進入諮商室後，要有意識地注意，將屬於個人的部分（包括私領域的生活經驗，也包括公眾領域個人的主觀觀點，如社會倡議的主張或政治取向）盡量放下，以專業角色運作為主，並真誠地以個案福祉為第一。

不可忽視專業精進

近日在不同的幾個場域，發現有些人誤解：認為既然「相信人天生擁有自我療癒的潛能，也相信諮商就是一種真正懂得的陪伴」，一位優秀的心理師，只要修為自身、練「內功」、專注自我成長即可。

這可能導致忽略精進專業基本功和基本劍法。

我很是擔心這樣專業發展的思維，也深自檢討：是不是因為早年看到有些專業助人工作者過於偏重磨練技術，忽略「這個人」本身內功修練，使得我總努力地「強調」要學生做個真實的人，天天練內功強調「過頭」了？或我沒將意思傳達清楚？

所以，應該這樣說：我堅信當事人本身有潛力療癒自己，但我們仍需知道要如何去引出當事人內在的那份療癒力。因此，專業訓練中，專業理論和方法的磨練同樣不可輕忽。

相信真的懂一個人，完全進入他的世界，那種陪伴就是一種療癒——只是，要達到真的完全進入他人世界的境界，還是需要「方法」的。諮商所謂的劍術，不見得是「用」在當事人身上，也是我們進入他人世界的「方式」。不論何種學派、何種諮商理念，內功和劍法都需要並重，只是劍法各家不同罷了。

我常提到：張無忌練太極劍法要練到完全忘了——無招勝有招——才能用得好。因此，真正優秀的心理助人工作者，不論他自己感覺或別人看起來，他的確就只是整個人全心全意地去懂得當事人，好好陪伴他而已。但我現在則更深信，那不只是厚實的生命閱歷、成熟穩重從容自如的態度，也必然包括深厚的專業素養根基。

2 專業角色位置

做個真實而成熟的人是心理助人工作的基礎。但我個人認為，在執行工作當下，我們還是要有意識地站在心理助人專業角色的位置上。

在一次督導中，發現這位擁有心理師執照的學校專輔教師，蔡卿雄，在與家長或導師、社工師等互動時，難以充分發揮其專業。經過討論後，受督的蔡卿雄諮商心理師寫下新的體悟：

我突然意識到了自己的「位置」。與家長及老師互動，我似乎還把自己置於「學習者」的位置上。這是我從研究所到工作初期所給予自己的位置，自覺經驗不足，仍應謙卑地學習；但這似乎也將自己置於一個「被動的」、「還不足以說些什麼」的位置上。時至今日，現實已不同，但我卻忘了換位置，或是我忽略了我可以彈性調整自己的位置……。我發現，當我站上了「心理專業工作者」這個位置，才更清楚了我應當做的是什麼，也少了無謂的顧慮。

站對了該有的位置，做好該有的角色行為，是展現自我重要的基礎。

有些人以為進入「專業角色的位置」，就有如戴上了角色面具，真實的我被藏在面具背後，這個人就變得虛假了。其實，角色也是自我的一部分，我們以「我」這個人去執行各個角色行為，扮演好該扮演的角色更是群體生活所必須。戴上角色面具並非隱藏自我，而是展現真實自我適於當下角色的面向。

當我身為心理師，我會在諮商工作中全然接納和包容個案；但當我在教學上擔任監考老師時，我會表現嚴謹的態度，不允許學生有任何違反考試規則的行為。換言之，我能夠帶著該有的角色行為執行每個當下工作，我也可以自由轉換角色，不會誤認某個角色就是全部的我。因此，我仍然是真實而如其所是地做我自己，不是嗎？

而在人生的不同階段，某種角色勢必佔有我們生活大部分的時間，例如，我自二十九歲起有了母親這角色，在女兒小時候，這個角色是生活中的重心，只能欣然接受，重新調整與安排我各個角色的時間。

但不論如何，所有角色都只是我們的一部分，也只是表現在外的行為，不能因角色而忽略我們自己這整個「人」。

最重要的，我們真實的我一直都支撐著自己——包括那某個時刻戴上某種面具運作的我。當摘下面具，我們就回到原本的我。什麼時候、什麼場合，選擇運用哪個角色，站上哪個位置，都要由「主體性自我」做清明的判斷。

成熟，就是清明於當下，要對每個角色面具脫戴自如，清楚轉換。

至於是否能在不同時刻站上該有的位置，確實執行角色行為，有賴於我們不斷的自我充實和學習。

3 真實自我與「修練」自我

心理諮商能否進行順利有療效，只有一個核心的因子，就是心理師「這個人」。前一篇已經討論心理師專業角色的部分，現在就要探討更為重要的：心理師的「真實自我」。

我之所以說真實自我更重要，一是因為國內心理師專業角色的養成與資格檢定，已有一套尚稱完整的規範，雖建立的時間不算長，還有很多可以改進的部分，但已使得專業知能訓練的內容有所依歸。可是對於有關「我」這個人的修練，在各養成機構中系統的學習課程，嚴格來說是付諸闕如的。

卡爾·羅傑斯說：「除非我們能完完全全接納自己本來的樣子，否則我們就不可能改變，不能從現在的立足之處移出半步。」齊克果則說：「成為一個如其所是的自我。」[2]然這「自己本來的樣子」和「如其所是的自我」到底指的是什麼？

何不想想，人從胚胎起，每時每刻都在變化、成長，今天的自己已經和昨天的自己不一樣，明天的自己又將會不同。「自己本來的樣子」，是哪個自己呢？

以現象場的概念來說亦然。簡單的說，現象場是我們內在所擁有的主觀世界，包括我們所有的經驗。我們也藉個人現象場中已有的內容去了解世界，也就是我們會「主觀的」選擇是否讓外在各式各樣刺激進入我們的現象場，同時主觀詮釋各種訊息的意義，以形成每個相當獨特的個體。然現象場本身是活絡的，不斷主動接收新訊息，不斷改變——根本沒有個「固定」的自己。

我的解讀是，羅傑斯說的重點在：全然接納自己；齊克果則強調「成為」和「如其所是」的自己。因此，我認為一個人成長的核心，要以了解自己的特質、能力、需求、優弱勢，進而發展與整合「成為」自己，而不是只遵循社會的價值觀和父母的期待，「成為」一個不像自己的人。

既然透過如此自我理解的過程而「成為」「如其所是」的自己，那必然也能全然接納自己、喜歡和看重自己了。

心理師的自我覺察與自我探索

我個人認為，心理師在自我覺察與自我探索這重要的功課中，除了基本的自我了解，還必須要特別思考以下幾個問題：

1. 我內在有哪些主要的人生價值觀（或中心的信念）？這些價值觀是如何形成的？
它們會如何影響我的諮商工作？

2. 我何以選擇從事心理師這助人工作？對我個人而言，具有何種意義？
在「幫助別人」的過程中，我滿足了哪些自己的需要？

3. 我的成長經驗裡，發生過哪些足以形塑現在的我之重要事件？
我的人生歷程中，是否曾遭遇過一些重大的挑戰或危機？
我是如何走過來的？我還需要更深入的去探索和處理嗎？
我曾用什麼現在看起來是好的應對方式？或做過什麼讓自己後悔的選擇？
我的這些人生經驗，它們有助於或會負向影響我的助人工作？

4. 我自己成長經驗有沒有哪些會對心理助人工作有所限制，可能會妨礙我去了解某些當事人，及與他們相處的能力？例如，我是否能察覺我對於不同種族與文化族群的任何偏見？或關於性別角色，我是否帶著固定的看法？
我如何才能克服這些限制，使能有效的協助各類的當事人？
我是否有足夠的彈性和柔軟度？
我會不會過於僵化地崇尚公理正義、過度嫉惡如仇？以致阻礙我對當事人的接納程度？

人生總是不斷承接新的挑戰，所處的環境和週遭的他人也不停在變化，我們自己更是持續地成長。自我理解與探索是件永無止盡的工作，重點在有「願意」的心，願意有耐心地面對與貼近自己，且一直進行下去。

心理師之自我接納

首先，心理師必須先看重自己。心理師是案主的典範，心理師如果不安全、不看重自己，要不就偽裝自己高高在上，要不就蹲下來討好案主，要不就超理智告訴案主大道理該怎麼做。3

——瑪麗亞．葛茉莉（Maria Gomori）

我也有同樣的想法。「信任和看重自己」是好好活著的基石。信任自己，才有勇氣因應人生中各式的挑戰；也才能願意面對自己內在的各種需要與情緒，並選擇較適宜的方式滿足需求和撫慰情緒；信任和看重自己，就會有希望感，相信再苦都有能力度過的；信任和看重自己，同時較能信任他人、尊重他人，且相信上蒼自有安排……

如何能信任自己？我認為最重要的是在成長過程，建立核心的自我價值感，全然接納自我，並和自己關係良好。

和自己關係不好其實挺可怕的，不只是孤單寂寞呢！多年前，我的一位個案曾說：「我不喜歡某人、討厭某人，就想辦法躲開他、少接觸也就好了。即便與他有重要的血緣關係，還可以想辦法自己打工搬出去住，減少碰面機會。可我若不喜歡我自己，甚至厭惡自己，那該怎麼辦呢？似乎只有消滅掉自己才行……」

因此，「自我接納」和「與自己和好」是一體兩面：全然地自我接納後，才能真正的好好的愛自己——對自己尊重、了解、關懷與負責任，如此一來，自然也就能和自己有很好的關係。

而接納自我是有層次的：由外在支持轉為自我（內在）支持。外在支持指對自己的表現如何，都由他人的評斷為主，也就是活在他人的眼光裡。當他人對自己有所批評、不滿，我們的自信心就跟著瓦解。但另一方面，自我支持則讓我們放下外在的標準與框架，發自內心地清楚看見自我，並相信自己。再者，接納自己包括接納我們所有的特質、情緒和念頭，接納自己的不能和有限，更接納自己的陰暗面。

接納自己內在不願被人知的黑暗面，是最不容易卻也是最重要的。

就這方面來說，《地海巫師》是個寓意深遠的故事：主角格得被一位大巫師發現其天分，破格讓格得進入都是祖傳巫師子女就讀的巫師學校。同學經常嘲笑和欺負格得的非正統身分。格得因此拼命學習，一心想要證明自己、贏過同學。經過一段時間，格得確實習得一身好法術，但內心卻充滿驕傲、自大和憤怒的情緒。一次，同學激他使用初學的最高法術——叫喚出強大的黑暗力量「黑影」。

格得施法成功，但他卻忘了自己根本還沒學會怎麼控制和收服黑影。因此，格得被自己所召喚出的「黑影」追殺，「黑影」還會幻化成格得的形體去危害世人。直到有一天，格得被「黑影」逼到天涯海角的一座孤島上，逃脫無路。他突然領悟，於是，勇敢轉身面向「黑影」，以自己的名字「格得」叫出黑影的真名，這黑暗力量才終被其收編。4

我們每個人內在都有這樣的「黑影」。受到累積很久的痛楚情緒操弄時，「黑影」就會被自己召喚出來。通常，「黑影」都是以闇黑情緒和敵意反應的形式存在，非常容易傷人傷己。「排斥自己暗影的人不可能完全誠實，也不可能有真正圓滿的完整人格。」5

只有當我們願意勇敢地承認並面對內在「黑影」，才有辦法逐漸不受其控制。甚至化敵為友收編它，而善用它的能量。

與自我和好

與自己建立友好而深厚的關係，絕不是短時間可做到的事情。我們每天都可安排一小段時間獨處，就是和自己在一起。在此刻，我們要如關懷親人般，問候自己這一天過得如何？關心自己內在是否有些尚未梳理的不快情緒，需要讓「主體性自我」允許和陪伴它們發洩，或溫柔地安撫；更要想想自己一天當中有哪些值得受肯定和讚許的事情，好好去體會那美好和愉悅的感受，並謝謝自己的智慧和努力。

只有和自己建立起信任和親密關係，我們才能與他人有真正的良好關係。

4 先做好心理師，再做某學派的心理師

> 幾乎每個星期都有學生問我，要到哪裡去受訓才能成為一個存在心理治療師。我總是勸他們，首先還是要訓練自己成為一個普通治療師，學會一系列的療法，等到了研究所或管理階層，再督促自己去深入瞭解存在心理治療的專門課題。6
>
> ——歐文·亞隆

先做好心理師，再專攻特定學派

好幾位大師，如歐文·亞隆都說過類似的觀點。我個人也是從事輔導諮商工作十六年後，才在機緣之下參加完形治療四年的訓練課程。而學習的前兩年，我也只是想要透過此課程整理自己「這個人」，直到發現自己受完形治療的幫助頗大，才決定選擇專攻完形學派，成為完形學派的諮商心理師。

在這之前近二十年的諮商工作，不僅讓我具備相當的心理和諮商理論基礎，也熟練基本的諮商技巧。而我個人這樣的學習經驗，當然也受制於我那時代，心理諮商和治療

領域並未建立專業體制的時空背景。現在國內心理師法頒布已超過二十年，各心理諮商研究所規劃了不錯的訓練課程，市面上不同學派的專業訓練也很多，因此，不少新手心理師們急著專攻某學派的學習，已成風氣。但我個人仍覺得，諮商工作的專業能力養成，該要先從廣泛學習心理知識和熟練諮商技巧開始，專攻某個學派不是最急切的功課。

這是因為，每個獨特學派有其獨特的理論脈絡和工作重點，其專業訓練不會再去磨練基本的同理、探問、面質、立即性等諮商技巧；再者，沒有足夠的專業知能，實難以真正領會學派的精神，運作上自然無法順暢。也就是說，心理師這個人的「心法」，和心理師的專業「技法」，要先練到某種程度，再去學習特定的學派比較恰當。

我國現行的心理師考試制度，六科必考科目之一是「諮商與心理治療理論」，國內所重視的各個學派都可能成為考題，因此，多數正規的相關研究所，必然會開設這個科目，教學內容也含括多個治療學派。

我同意開始學習心理諮商和治療時，需要了解不同學派的特色和獨特的運作方式。但我不太贊成實習或新手心理師，因個案的特質或問題不同，就運用不同的理論脈絡來理解個案或進行個案概念化。像動力分析學派重視早年經驗的影響，偏向因果觀的思維邏輯；而焦點解決短期諮商學派則聚焦現在和未來，更強調系統觀和建構的概念。同一位心理師在短時間內，用不同的理論脈絡面對各個個案，一定無法真正理解這位當事人，進行諮商時也會不順暢，缺乏整體連貫性和脈絡性。

至於，諮商技術則可以跨學派地多元使用。只是運用的原理則必須符合自己建構的諮商理論脈絡。例如，我請常皺著眉、表情愁苦的當事人，去覺察自己緊皺的眉頭或看鏡子中自己的皺眉樣，然後試著用手溫柔的去撫平它。這似乎像是行為學派的方法，但遵循完形諮商學派的我，運用此方法有兩個重點用意：其一在增進「覺察」：幫助當事人體驗到身體傳達出的訊息，透過此訊息更加和自己的情緒接觸，也覺察眉頭緊皺和放鬆後的差異，讓習慣性焦慮的當事人有機會重新選擇；另一重點在強化當事人的「主體性自我」，引導其溫柔的撫平緊皺的眉頭，代表著對自己的關愛，讓辛苦為主人傳達焦慮、悲傷的眉頭得到撫慰，並以此有力量的主體性自我和自己友善接觸，使其有機會達成內在的和解。這與行為學派可能運用此方法來期待當事人能察覺原有舊行為之狀態，進而練習建立新行為，理念上有所不同。

建立個人的諮商理論

一位成熟的諮商師，必定有一套脈絡清楚、屬於個人獨特的「諮商理論」，可能是服膺某個學派，或綜合某些觀點建立一套新的派典。不過，這些都是需要假以時日，累積足夠的實務經驗才能做到的事。

我建議心理師的養成歷程，宜先學習心理學相關知識，認識各個心理諮商與治療學派，熟悉心理助人過程運作脈絡，以及熟練各階段的諮商技巧；然後，試著探討自己的諮商哲學觀點，以此找到與自己觀點相似的學派，先用它來進行心理諮商工作。

探討個人的諮商哲學觀點，可以思考以下幾個問題：

1. 你對人性的看法是什麼？這指的是：你對人天生具有的本性是向善的，或是無善無惡的……等。
2. 你認為人類是如何成長的呢？人格又是如何形成的呢？哪些因素對心理發展與人格成熟具有重大影響？
3. 你自己的治療觀為何？

包括：人何以會不適應環境、不快樂，甚至罹患心理的疾病？
行為的改變是如何發生？
什麼樣的機轉可以產生療癒？

4. 你認為的諮商歷程為何？
例如：諮商的目標是什麼？
心理師最重要的功能是什麼？
身為一位心理師，你如何定義自己的角色？
當事人與心理師之間能有效工作的關係，其基本特徵是什麼？
此一關係對於產生改變有多少影響力？

建議試著回答上述問題，或至少參考各個學派對這些問題的觀點，去想想哪些是自己較信服的想法，當成自己暫時的答案。

我非常的幸運，讀彰師大輔導系時，有幸受教於吳秀碧老師，課堂上，她就出了上述中的一、三兩個題目要我們思考，並進行小組討論。當時我以個人中心學派的觀點寫這份作業，我記得很清楚，老師以好幾個現實生活的反例面質我，幫我對於「人性向善」的信念想得更周延，釐清此信念更多可能的挑戰。那歷程對我幫助很大，之後學習和工作時，我常重新檢視做法和信念的一致性。

這些問題同樣可以協助我們深入去了解各個諮商學派，也就是探討每個學派如何回應這些提問。譬如學習敘事治療，先去了解敘事治療的人性觀為何，如何看待人類的發展與人格成熟的樣貌，再理解敘事治療的治療機轉和歷程。最好再加上探究敘事治療學派創始人的個性和風格以及他的成長經驗，並知悉其形成學派的歷程。

我們要想清楚這些問題，並注意這些回答之間的一貫性與和諧性，之後，就可以選擇觀點與自身信念最接近，也最吸引我們的諮商學派去專攻。然後，在實務經驗中，因應我們所處的特殊社會文化，以及變遷中的環境，不斷微調、增添和修正其理論內涵，以形成我們自己獨特的「個人諮商理論」。

5 真誠一致與「無所知」

對我來說，「真誠一致」是做人準則的核心精神；在專業工作裡，這也是我自我要求的重要態度。然「真誠一致」在諮商的當下，到底是什麼？又可以做到什麼程度？

我曾在一篇文章，看到討論真誠的一段話：「絕對的真實，就是絕對的虛偽……真誠究竟在哪裡？真誠在於對自己的真誠，這也就是對案主的真誠；一致性在哪裡？一致性在於你走進諮商室與走出諮商室的時候，對事情的反應都是一樣的。」7我同意這段話所提到，真誠重在對自己和對個案態度的一致性，只是實際的做法與呈現方式尚需討論。

但是，對「一致」來說，我認為心理師「走進諮商室與走出諮商室的時候，對事情的反應都是一樣的。」這實在並不可行。例如，心理師在諮商室外反對或譴責暴力，但是如果諮商室內的個案是個家暴施暴者時，則不能以此責怪他，而是需要去理解當事人暴力行為背後的內在情緒狀態。

對於心理師的真誠一致言，必須分為兩個部分：其一，是對上述施暴個案的理解和同理的回應，當心理師在諮商室外碰到同樣這位當事人，心理師對他的感受確實必須是一樣的。但是，其二，在非諮商的情境時，需要表達個人立場的場景或位置，如討論家暴法的執行細則會議，心理師自然仍是保有反對或譴責暴力的觀點，不可能在諮商室內外對事情的反應都一樣。

真誠一致的表現

我對真誠一致有我自己的觀點。

例如，在生活中，我個人不喜歡在那種有很多不熟的人的社交場合與人客套。但我還是會因各種因素「選擇」參加，或是因為工作角色而不得不參加。我明白在這樣的場合該如何與人應對，既然選擇參與了，自然就會行禮如宜！我雖非真心喜愛這樣的活動，但因為是有意識選擇去「社交」，所以我願意努力地表現適宜，此時，我覺得自己仍是真誠一致的。

也有些情況似乎也不適宜「真誠」的表達。一是發現自己沒有處理好的內在狀態，不適宜暴露出來。例如，莫名地討厭身邊的某權威人士，上司或老師時，我們必須先自我覺察，是否是自己「投射」了內心深處對重要他人的怨懟。若有可能是自己的投射，那不喜歡的感覺就非對方所引發，在這種情況下，即便那當下確實升起討厭對方的情緒，也不適宜表現出「討厭」態度。

其二，發現直接地真誠回應既非必要，也會傷害對方時。例如，好友燙了個大捲髮型，興奮地問我對此髮型的看法。我不喜歡這樣的髮型，因此直覺並不適合她。但我們應該明白，髮型是她的喜好和選擇，而她看起來也開心得意，我們實在不必「真誠地」說出個人的反面意見。同時，她是我的好友，我也真心地為她的選擇開心。嚴格說，我此時若給出讚賞之語，是出自對好友的支持，那也是一種真誠。因此，「真誠一致」的表現，必須先對自己、對環境（他人）都能清明覺察呀！

同樣的，心理師若對當事人有反移情或投射，以及因個人價值觀或喜好而產生的感受，自然也不宜直接反應。那是心理師自己的部分，與當事人無關。即使是因當事人的人際模式，在諮商關係裡引發心理師的不舒服，心理師不能輕率地立即反應這種情緒。心理師需要把這狀況當成工作的方向和線索，等到當事人開始有些覺察，才適合以恰當的方式表達自己的感受。除非，我們太快或忍不住已從非語言訊息透露出情緒，那只好坦承地說出來。

在諮商關係中，心理師基本上必然是要有「一致」的態度——內外一致、言行一致——心理師是個真實的人，與當事人在當下真誠相遇。

因受苦而前來求助的當事人，對心理師、對諮商關係必然非常敏感。不管當事人年紀多大，都能敏察到心理師的言不由衷或內外不一致。

記得我曾和一位小四的孩子諮商，某次我必須準時結束晤談，以趕回任職學校參加重要會議。但那天快結束時，小個案一反常態東摸西摸地拖延時間，不太想離開。我在結束時間到時，忍不住立即提醒我們時間到了，男孩抬起頭看著我說：「妳很趕時間喔！」我當下被嚇到，不得不向他承認且道歉……

事後回想，我雖然事先安排妥當，且自覺時間充裕，無意識裡卻仍焦慮諮商時間若延遲，我會遲到。這孩子感覺到了我潛在的不安，有些生氣而被動抗議。還好，我馬上承認我的狀況，也向當事人道歉，之後，反而讓諮商關係有了更好的進展。

「無所知」

作家王溢嘉曾說，「不知」或「無知」其實有三個層次：

一是，單就人類用以了解宇宙萬物和這個塵世的知識來說，它們是浩瀚無垠的，不管一個人多麼博學，他所知道的也比蒼海一粟來得少，就像愛因斯坦所說：「在上帝面前，我們同樣無知。」

二是，即使我們擁有的知識相當有限，但這些知識卻都是相對的、可疑的，並不像我們自以為的那樣肯定和正確。

三是，不管人類多聰明或多努力，我們所求得的知識離「事物本質」或「絕對真理」都有一段距離。就像老子開宗明義所說的「道可道，非常道」；或像蘇格拉底所指出的，「我們無法求得絕對真理，而只能在逼近它的過程中，知道前人的說法是錯的。」[8]

「無所知」（not-knowing）應用於諮商工作時，指心理師在諮商室裡必須盡量暫時放下自我、放空內在。一則是放下個人的人生經歷與信念，以及過往所有的諮商經驗，也就是忘掉其他的當事人，更不能去比較或類比相似狀況的個案。此外也要放空自己所學的知識和技巧，也就是本章第三節〈真實自我與「修練」自我〉所提，知識理論要融會貫通，諮商技巧要練到純熟得已記不得技法。

當然，這是一個近似出神入化的境界，絕大多數的我們都不容易做到位。但我覺得真誠一致的態度，在諮商室裡放下自我、進入「無所知」的狀態，該是我們心理師不斷追求的一個理想狀態。

6 個人價值觀對諮商工作的影響

之前，我總思考著：心理師能夠或必須價值中立嗎？

某次，看到社會發生的某個事件，各方因價值觀分歧而激烈論辯，我突然有個新的體悟：「價值觀（Values）是指對人生、事物的看法或評價，是一種處理事情判斷對錯、做選擇時取捨的標準。」[9]——既然價值觀本身就是個人對人事物的主觀評價，更是判斷對錯的依據，那麼，價值觀就是一種個人立場，哪有所謂「中立」的狀態？「價值觀中立」其實稱不上是價值觀。

價值觀對諮商工作的影響

當我重看科瑞（Gerald Corey）的《諮商與心理治療理論與實務》書中討論價值觀議題，舉出心理師與當事人價值觀衝突的例子：「喬思的先生似乎有外遇，她對此難以忍受，但為了孩子勉強留住婚姻……」[10]。我產生了一些想法。我認為，當心理師對外遇或是否要為孩子而留在婚姻的價值信念和個案不同時，並不見得會造成心理師內在的衝突。心理師只要專心去了解當事人的價值觀是如何影響其解決婚姻困境、做出離婚與否決定即可，根本不必牽涉到心理師自己的價值觀。

如果我能做到，我在諮商工作中的位置與角色之自我期許：「在諮商中，站在當事人的左或右旁，略為後方一小步。為他點亮一盞燈，陪他前行。我是跟在當事人後面由他來領路，但我會舉著個照明物，幫助當事人得以看清楚，阻礙他前往自己人生的道路上，有些什麼各式障礙物。再由當事人自行決定要如何面對和處理，搬走它、繞開它、剷除它，或是乾脆換條路走。」以當事人為主，我個人的價值觀之作用力自然會減到最低。

從另一個角度觀之，心理師在專業養成的過程裡所必須認真探討的諮商哲學精神和治療觀，譬如對人性的看法，人格如何發展成長，人何以會不適應和不快樂，具療效的改變是如何發生，甚至是建立「個人諮商理論」等等，都是深受心理師本身價值觀的影響。因此身而為人，不論是在心理師專業角色，或生活中的真實自我，個人價值觀是必然存在的。

只是在諮商工作時，當面對另一位獨特的人（個案）時，心理師對於有關宗教信仰、性別或同志議題、劈腿外遇、未婚懷孕、家暴、犯罪行為等等的價值觀點，需要盡量保持「無所知」的態度，而以全然關懷、接納，感同身受的同理心去專注於當事人。如此一來，心理師所持有的價值觀，自然不會過度影響諮商工作。

不過，當遇到價值觀不同的個案，心理師仍須謹慎面對的。因為保持「無所知」的態度，以及對當事人全然關懷、接納和感同身受的同理，是最高的理想狀況，但我們心理師也是凡人，要達到那種境界並不容易。因此，必須時時提醒自己：你是你，個案是個案，我們只是陪伴者，那是當事人的人生。這和個人人生經歷以及心理界限良好與否有關，將在下兩篇討論。

至於，心理師「這個人」在諮商工作時，與在擁有社會責任的公民角色上和平時日常生活中，面對價值觀議題時態度也是不一樣的。心理師也有社會責任，例如我以前在學校開設親職教育課程，所設計的教學內容當然融入我對家庭親職角色的價值觀點；在對社會大眾做心理衛生宣講，進行性別平權、同婚立法的倡議時，都有鮮明的價值觀「介入」，與在諮商工作時態度有所不同。

在生活中，我還有教師的角色，當我去監考時，防止學生作弊是監考老師的職責，我會盡可能不讓學生作弊，若發現學生作弊也會予以處理。因此，站在監考老師的角色，我當然認為作弊是錯誤行為。

但在諮商裡，我是用心的去理解當事人這個人和他所經歷的事情，不做價值評斷和對錯的判定。我一樣可以真誠關懷與接納恐／反同的個案，我也能理解他們的害怕或是不安。當我在諮商中面對作弊的學生個案，我會從整體脈絡或全面的角度理解這學生，這時我不會考慮作弊是對或錯的問題。理想上，心理師在諮商時若能「內在清明如光亮無垢的一面鏡子」，完全映照出當事人的狀態，心理師的主觀部分就能降到最低。

保持角色轉換的彈性

當然，我們都需要好好認真學習，如何保持彈性，以做到這樣的角色轉換。

以下三個觀點仍須特別注意：

其一，每個人現在的自我都是由成長歷程中所有的經歷形塑而成。人心太複雜，過往不堪回首的事件，甚至成功得意之經驗，都默默地影響著我們現在的知覺世界。壓抑到無意識的一切，當然也不知不覺地控制著我們。再者，社會文化傳統的價值觀、政治的意識形態、幾乎難以避免的歸因誤差、他人以及所屬團體的強力影響……這一切的一切都左右著我們。在本章第三節文中，「修練」自我的功夫要下的深，且「修練」是每天都需要進行的功課，才能在諮商中放下和放空自己，不讓與當事人不同的價值觀影響諮商工作。

其二，我以前常和學生說：在生活中「嫉惡如仇」或許是個正義的特質，而在諮商工作中，它則是個很大的阻礙。但倒也不一定意味著要去「修改」這樣的特質。從完形諮商的兩極觀點，「每個人的各個特質是形成同一連續體的兩端或是兩極的型態出現。此兩極是相互辯證，也互相界定彼此。」[11]我們可以發展另一端的特質來平衡。在諮商時，讓「嫉惡如仇」此一極特質退位，另一端的特質出來運作即可。[12]

此外，有些心理師因過度擔心自己的價值觀介入，而綁手綁腳，不敢做該做的。這其實也很可惜，限制了心理師的功能。有關這一點，請參考本書第四章第七節〈常被忽略的探問技術〉、第八節〈諮商中的跟隨、引導、深究與催化〉和第十一節〈不能為當事人做決定、給建議嗎？〉這三篇的內容，我不再此贅述。

7 所有的個人經歷都可能是雙面刃

人生所有的經驗，不論美好或痛楚，都能豐富我們生命的厚度，心理師若擁有厚實的人生經驗，的確有助於工作的進行與效能，但同時，卻也容易造成理解他人的限制。

「我沒結婚、沒生養小孩，不適合處理婚姻或教養議題的個案吧！」一些心理師會擔心自己尚未體驗過當事人所困擾的人生角色，這也許有些道理。沒有親身體會過的事情，要去理解確實難免有隔著一層的感覺，也會減低我們敏察和「接觸」個案的能力。

但我總是自勉，我不可能經歷過所有的角色或生命挑戰，才能當好一位心理師。我只能透過廣泛關心社會各種議題，學習各種心理相關的知識理論，欣賞經典文學創作和小說、電影，試著認識、揣摩生命中的各式難以承受的遭逢。我特別愛看電影，年輕時幾乎一週一部。任教後，更要求學生看電影並討論劇中角色的心路歷程。對社會新聞、各類書籍了解和閱讀後，也試著分析「情節」（感謝師專求學時，小說創作那門課的老師教得好，學到不少解析小說的方法）、書寫心得。這些愛好對我幫助實在很大，讓我能比較接近人生境遇和我不同的個案的內在心境。

經驗有時反而成為限制

相對的，很多心理師認為和當事人有相類似的生活經歷，勢必容易和對方產生共鳴，更能理解他們的狀態。

「我和個案同樣經歷過被劈腿而失戀，很能體會他的感受。」

「我也是家中的老大，和個案的經歷相近，我很懂得這種壓力和痛苦。」

其實不見得！

很多時候，這些相似的「經驗」反而會成為理解對方的限制。心理師個人的經歷對於諮商工作的影響，並非那麼單純。

東吳大學的黃君玉心理師在一次督導後寫下的心得，非常清楚地說道：

> 我原本以為我跟當事人有類似的經驗，可以協助我更了解當事人，可是有了這次經驗，我才發覺那也可能是一種陷阱與限制，那個陷阱會讓我以為我已經了解了，就不會再進一步的澄清與確認；然後，很容易把自己的情況往當事人身上套，那我就停在自己身上而不是當事人身上，減少了了解眼前這當事人——另一個獨立

個體的機會，也沒能幫助他更認識他自己。

很多時候，在個案描述自己的經歷後，心理師覺得「我也是呢！我懂！」以致對必須知道的一些細節內容，容易想當然爾地沒再進一步探問。

再者，以「我心」去類比「他心」的這種「將心比心」式的同理，可不是好的同理。人心大不相同，實在難以用自己的心情真正體會到對方的情緒，因為那是主觀的理解，是以自己的情緒經驗為主軸而出發的。當經歷的狀況相似性愈高，同理能愈貼近，這可能沒錯，但這也會讓心理師自以為很能理解對方的心，卻忽略很多情緒細微的差異。這其實是人的一種限制，不得不慎。

尤其，有時候個人的「經驗」還帶著未處理的情緒，尚未「放下」或根本還是現在進行式，例如還在失戀的痛楚中，夜深人靜時還會思念，覺得難過和自怨自艾，或對對方的離去感到不甘心和憤怒……，此時，面對相類似議題的個案，自然覺得他和你會有同樣的感受，但實質上當然不可能完全相同。

甚且，心理師自己的痛楚情緒如果在諮商過程中被當事人觸動、引發，那甚至會干擾諮商工作，減低對個案的專注力和專業表現。例如，心理師小時候曾是目睹家暴的孩子，或本身即家暴受害者，當個案的議題也相同時，心理師很容易過度同情這個案，可能忽略他其他的問題或需要，也或許因此感到無力與無助，而失去部分助人的能力。

覺察不相關事件的間接干擾

有些人經歷和當事人現況不是直接相關的事件，也會造成些干擾。曾在督導時，受督心理師覺得自己對罹癌的當事人無法非常貼近，諮商過程不太順暢。討論中，心理師一開始想到可能和他自己母親多年前也罹癌有關，但慢慢深究，又覺得不像是這件事的「干擾」。畢竟，他母親復原狀況很好，這幾年定期追蹤也都正常，並不讓人擔心。反而是陪伴母親治療癌症的經驗，讓他對癌症治療有較多的認識，對此個案工作有些正向的助力……。於是，我再問：是否還有讓你不安焦慮的類似事件？他想了想，提起十多年前，自己經歷了一場大車禍。說著說著才發現，個案罹癌的狀態勾起了心理師在那意外事件裡的死亡焦慮。

我督導時，遇過很多次心理師和個案有類似傷痛失落經歷，而不自覺地忽略這個傷痛議題，「不敢」進行深入探究的情況。我曾和一位很有經驗的受督者，一起討論他有點卡住的個案工作。我聽了受督者對個案家庭狀況的描述，感覺很特別的是，此個案都沒提到父親，心理師似乎也漏掉了。我好奇地問受督者，他才愣了一下說：「好像第二次諮商時，當事人有提到，他父親兩年前意外過世。」令我更驚訝的是，心理師對此部分，完全沒有進一步探問當時發生的經過和後續的影響。我忍不住關心受督者自己發生了什麼事嗎？以他的諮商能力和經驗不可能疏忽這麼重要的線索。這位心理師沉默了一會兒，眼中有淚地告訴我，數月前身體一向硬朗的祖父突然過世了。祖父和他很親，是小時候父母上班時，主要照顧陪伴他的人。心理師正經歷著祖父突然離世的傷痛，在初談的書面資料中又沒看到家庭圖，沒有心理準備的狀況下，當下自然無法觸碰這同樣的失落議題。

對於「經驗」之於心理師，我是這樣認為：心理師也是人，自會經歷很多生命必經的各式歷程和挑戰，這些悲痛、失落、痛苦、挫敗的「經驗」，不論是何時遭遇到的，都必須勇於面對，並細細體會、探索與處理。然而，通常也沒有所謂完全處理好，不再影響我們的時候。因此，要隨時面對自己內在的情緒波動，並在工作中保持良好覺察，讓其干擾減少到最低。特別注意：不能隨意「將心比心」。

在諮商中，心理師適時地運用自己的人生經驗和當事人產生好的連結，自然是有助於工作進行的；但也需要小心因此不自覺地將關注力轉回自己身上的問題。遇到和自己

「很像」的個案，一定要先讓「帶著相似經驗」的自己退後一點，更專注在這位獨一無二的個案和他獨特的經歷上面。

8 建立彈性良好的自我界限

何謂彈性良好的「自我界限」

自我界限代表我這個人具體與抽象的範圍，可以清楚界定出自我，區辨人我的不同。就如一棟房子有外牆和圍牆，能清楚分辨屋內屋外；一個國家有明確的國界，能與其他國家區分開來。

因此，擁有良好的自我界限，才能有效保護自己。例如，**身體界限**，當陌生人靠近你時，我們會感覺到受侵略與壓迫感，得以注意對方是否已經跨過身體空間領域，評估此人是否會傷害到我們；**情緒界限**，如他人對我們亂發脾氣，情緒界限能幫助自己分辨那是對方的情緒，不必全然接收或太快與之共舞；而**心理界限**，則是區辨有關主權與責任等心理議題的範疇。當然，情緒界限與心理界限的邊界和範圍相當抽象。

不過，自我界限也不是一堵堅固的城牆，將他人和外在一切都擋在自身之外。它該是彈性極佳的分界邊際。我們想要與外界接觸時，不但可開放以接收新的訊息和經驗，更柔軟到可融入對方，或與對方交流。與人分開時，更能自然地拉起界限，保有個體的完整性。

心理師在諮商過程中，需要進入當事人的世界，體會他的心境，又要能回到自己專業的角色上，以完整的自我執行工作。因此，具備彈性良好又清楚的自我界限，必是第一要務。

自我界限不夠清楚，心理師會害怕「那種融合的感覺，讓我感覺自我快被吞噬，會很想快點逃開」，恐懼失去自我。這可能讓心理師不敢輕易進入當事人的世界，若是這樣，如何真正去懂得個案和同理個案。

如何建立彈性良好的自我界限

建立自我界限首要清楚了解自己，才可能知道什麼是「我的範圍」，劃出明確界限。第二步，則是認清自己跟他人的不同，這樣才能將他人區分於自我界限之外。

自我界限的形成，其實從嬰孩時期就已逐步展開。

小嬰兒探索世界的第一個方法，是用嘴咬所有身邊的東西。如咬母親的手和咬自己的手，感覺不同——後者會微微疼痛。進而，他開始分出媽媽的手不是我的一部分，會有痛感的手則屬於自己的。這是初步具體的身體界限感。

慢慢地，需要發展「我是誰」的概念。開始認知到我擁有什麼，而什麼又是屬於別人的。幼兒常會說「這是我的，那是你的！」「我會唱歌，我會數數。」「我不要吃這個；我不要給妹妹玩車車！」「我是男生／女生，不是女生／男生。」等等。我們越認識自己的特性，越能分辨人我的不同，也就越能畫清楚自我界限。

自我界限要畫得好，需要孩子透過親身試探與嘗試。這個過程中，若父母親或重要照顧者權威式地控制孩子，替孩子做各種決定和判斷，或過度保護孩子，照顧過多，儘管孩子已有能力，依然餵他吃飯，幫他穿衣和梳洗……，那麼，孩子不僅無法發展各種自理能力和學習自己解決問題的方法，更無法畫出清晰的自我界限。

堅定而溫和的拒絕他人，也是練習畫出自我界限的方式。如你不想吃、不願意做，或不屬於你的工作和責任，或做不到的事情，都要有智慧地說「不」。

但我們必須認知到，在我們文化下的親密關係，要建立起好的自我界限很是困難，我們自己也是。然而，我們只能先試著好好建立起自己的自我界限，不能過於期待身邊的他人也擁有良好而彈性的自我界限，或是能尊重我們的自我界限。只有在我們有了自我界限時，才有機會影響到關係中的其他人。

個人內在的心理界限

人心是相當複雜的，常必須在相同時空關注很多事情。因此，我們也要能建立個人內在的心理界限，不然紛亂的心難以清明，更無法專注於當下。

內在心理界限分為兩種狀態。一是指此時此刻我們所有的專注力都只集中在某件事情上，於是此事在我們心中成為「形象」；其他不相關的事情則都能被我們忽略、暫時不浮出腦海，即它們已退回到「背景」中，形象與背景間界限分明。而形象／背景也可以視情況而隨時自然流轉（形象與背景可簡稱「形」與「景」）。例如，當我進行諮商時，心中只有諮商工作這個「形」，其他生活中的待辦事項或還在煩心的各種事情，都讓它們退回「景」。而當我回到家繼續寫我未完成的文章，寫作這件事就浮出成「形」，同樣的，剛剛諮商室中發生的事情則退回背景。

內在心理界限的另種狀態，指能將單一事件引發的內在感受和我整體的「這個人」區分開來。例如，某次我對公司的重要客戶進行產品簡報，卻犯了關鍵錯誤而搞砸了，生意沒簽成，更被主管嚴厲責怪。我非常懊惱和挫折，但此時我需要好的內在心理界限，以幫助我分辨：這件事我做的不好是事實，必須深自檢討不再犯錯，並去增加自己這方面的能力；但這並不表示我整個人都很糟，需要自我否定。同時，挫敗的情緒只是我的「情緒」，不是自己的全部，如此，也就不容易被此情緒籠罩或淹沒。

以下幾個要領，可以幫助我們建立良好的內在界限：

1. 練習專心的能力。如可布置適宜的工作環境，減少外在的各項干擾。
2. 平時試著練習建構「內在儲物櫃」——我會想像自己腦中有很多隔間的櫃子或一排抽屜。當我想到自己的煩心事，而現在還正做著另件事，不該分心去想。我會簡單的安撫自己，然後，以想像的方式將此事暫時存放至櫃子裡。再如寫學術論文期間，論文外的工作、和親友互動、休閒生活等都要並行。每當我們要轉換去做其中另件事，先要在心裡將前一件所做的事，進行簡單收尾和歸位的「儀式」，象徵性地將其放進櫃子裡的專屬位置，並上鎖。
3. 處理自己的議題時，每次「結束」，也要和諮商時幫個案「打包」一樣，為自己的狀態打包。打包後，同樣可放進「內在儲物櫃」中。
4. 今日「情緒」今日畢。每天晚上盡可能把當天還留在心中的情緒收拾、清理一下，這樣情緒就能消退，不致累積而干擾之後的生活。未完成或短期無法解決的事件所引發之情緒，當然不可能真正退去，那就需要用上述置物櫃的方法暫時分別存放。

5. 練習完形諮商「內、外界覺察」的基本功。這練習是讓我們「中界」的思考暫停，短時間內（二、三分鐘）只專注於「外界」——眼、耳、鼻、舌、皮膚等感官對外在世界的覺察，如沖澡時，單純感受溫水或肥皂碰到皮膚的感覺，不做任何思考與聯想；或專心在「內界」——身體與情緒的覺察，感覺身體某部位，例如感到胃在攪動，就是如實去感受，而不去想它為什麼如此、可能是餓了等。這是建立內在心理界限最有效的方式。同時也是增加專注力和強化純然處在當下的好方法。13

以我個人的經驗，建立了彈性良好的自我界限，內在心理界限也較容易形成。反之亦然。

9 個人情緒之覺察與因應

在諮商中被當事人引發個人情緒

在諮商的進行中，若心理師被當事人引發自己的情緒，自然會對諮商有所影響。主要多來自以下兩種情況：其一是當事人的各式行為表現和反應引發心理師的情緒；另是，心理師被當事人所談內容觸碰到個人議題而產生情緒。這兩者也會產生交互牽引。如心理師缺乏專業自信，當事人提出「談了好多次了，好像也沒有什麼改善，我覺得諮商是否對我沒有用？」心理師就容易被「打到」，產生強烈挫敗和無力感。雖然，當事人很可能只是在表達自己的挫折，而非質疑心理師的專業。

新手心理師也常問：在諮商中，我們若也被引發情緒，適不適合表露出來？這不是能簡單回答何時「適合」或「不適合」的問題。我認為，首要能清楚覺察自己的情緒起伏，並初步分辨這是上述哪種狀況。

若偏向心理師憶起個人過往經歷而浮現當時的不愉快情緒，例如突然想到自己的初戀情人而悵然，這情緒不但不適合表達，還需要盡快控制和「壓下」。心理師要趕快回到當事人身上。除非心理師判斷此時適合運用自己的感受，以「自我坦露」去創造同理或普同感的效果（自我坦露的運用可參考本書第三章第五節）。

每個人在社會化的過程，多少都會發展出暫時將情緒隔絕的自我保護機制，甚至成了自動化的過程。我們平日可花時間嘗試找出自己是用何種方法「關閉情緒」的。若能覺察自己隔絕情緒的方式，並練習停止其自動化運作，改由自己掌控關閉按鈕，即可在工作中用以暫時關閉不適宜表露的私人情緒。而若在自我探索過程，覺察到自己習慣性的隔絕情緒時，則可反過來，面對和「經驗」自己壓抑下去的深層情緒，得以好好處理個人議題。

在我督導的經驗裡，心理師如果對當事人明顯的情緒線索或關鍵訊息選擇忽略，未能反應或深究，通常也是因為碰觸了心理師的個人議題或信念。

當事人的各式行為表現和反應引發心理師的情緒，則是個相當複雜的狀況。嚴格說，每一次都是需要視當下情形隨機因應的。

在此，只討論三個典型的狀況：

其一，當事人引發心理師不舒服情緒，來自其不恰當的人際互動方式。

這時，心理師要理解到，這可能是當事人之所以處於困境的因素之一，換言之，在其生活實際人際互動上，同樣會引發他人不悅。在這個情況下，心理師可以先選擇安撫自己不愉快的情緒，而後，評估諮商關係的穩定度，再適當地表達心理師的真實感受，以引導當事人看清自己在人際間的樣貌，並體會到他人可能的感受。這就是運用心理師被當事人引發的情緒，來處理當事人的議題。

另是，當事人因外在情勢或他人刺激，使得原本已有的進步和正在實踐的改變大幅掉落或退回原點，或是有了自我放棄的念頭。這樣的狀況容易引發心理師的焦急、失望，甚至生氣。

若心理師當下評估，這確實單純由個案目前「退步」狀態所引發的情緒，則須再往深一層覺察：在這些焦急、失望、生氣之下，是否也包含著對個案的心疼和關心？更細膩地看，即使表層的情緒如生氣，對象可能也很多元——是心理師對自己的失望、生氣；或對那造成個案有此放棄狀態的人、事、物生氣；甚至，我曾在此情況下對老天爺生氣：為什麼上蒼要如此「折磨」個案！

既然此時促發心理師產生情緒的狀況很是複雜，在未釐清前，心理師不宜很快表達表層情緒。

像我發現，我主要是對老天生氣，這可能牽涉到我對生命的無常感與無力感，這就不適宜表達（若是當事人對老天爺生氣則是可以適當處理）。在這情況下，就只能收起情緒好好陪著個案，以合適的身體接觸方式給個案支持和力量。

若心理師覺得關係和情境適宜表達自己的感受，也必須在同理個案後回應，並以表達深層情緒為主，表層情緒為輔。例如：「遇到這樣的狀況，我真的好心疼你。要是我遇到這種狀況，可能也會有這種——算了，努力再多也沒用的感受。但我一路陪你走這麼久，看著你奮力的往自己想要的生活走去，就快到目的地了……聽到你說要放棄，我很焦急，更覺得可惜，甚至有點生氣。」以上的表達，乃是基於諮商已經走到「行動」階段，必定有相當信任與穩定的諮商關係。

第三種是當事人向心理師「挑戰」，提出質疑或批評式的攻擊，引發心理師的不舒服情緒。這一種狀況我將在本書第四章的〈諮商中幾種典型狀況的因應〉中討論。

心理師的替代性創傷

我曾在日本發生三一一大地震和海嘯時，經歷了「替代性創傷」。

那天是我帶領「完形專訓第三階段——夢工作」課程的第二天。兩天來的夢工作剛巧都帶出學員很沉重的悲傷失落議題，我整個人已某種程度陷入陰鬱情緒中。當天課程一結束，工作人員驚慌告知日本大地震，且預報海嘯可能波及台灣，要我們快回家。

回家後，自電視看到海嘯襲捲陸地的慘狀，整個人傻住。而我還有兩天延續的課程，我勉力地壓抑下這些紛亂的情緒，繼續完成也是同樣沉重的夢工作坊。之後，自己被負面及悲傷的情緒籠罩，也感到非常不安、焦慮，似乎隨時會發生什麼可怕的事情，甚至影響了睡眠和飲食，持續了好幾天。

不只工作坊成員的悲傷失落議題，還加上大地震海嘯的創傷事件，都感染了我，讓我的情緒狀態就如那些事是發生在自己身上一樣。我知道，我應該是「替代性創傷」。

現代人因為資訊發達，世界各地發生的重大意外事件，都能很快傳到我們身邊。特別手機錄影功能精進，總會有人拍下即時畫面廣為傳播，一般人很容易因此產生「替代性創傷」。心理師也是人，且平時工作多數就是接觸當事人經歷的失落痛苦事件，還必須能「感同身受」地同理這些悲傷等情緒。遇到社會上發生不幸的災難，更有可能被徵召去協助受難者、受難家屬和救災人員心理復健，因此難免遭遇「替代性創傷」。

最重要的，我們要有這樣的自我覺察。當發現自己情緒受到波及，除了好好自我照顧，適時休息或到大自然中散心，必要時，一定要找信任的心理師諮商或找督導談談。

千萬不能忽略這「替代性創傷」發生的可能性，遇上了更不能輕忽，需要好好處理。

新手心理師的焦慮情緒

新手心理師常出現幾種焦慮不安：擔心當事人不滿意心理師的表現、擔心機構或同儕認為心理師的專業能力不足、擔心當事人很快結束諮商或不再來談，以及擔心達不到自己預期的表現和成效。在諮商過程中，經驗還不夠充足的心理師，焦慮更是強烈到可能影響工作進行。心理師愈是擔心無法真正懂得當事人或不敢確定下一步該如何做，就愈不能專心在當事人身上，形成惡性循環。

嚴格說，這些焦慮很正常，可能也是「真實」。任何專業工作的新手都需要花很多時間磨練，將理論轉為實務運作，並逐漸熟練操作、累積經驗，才能展現較好的成果，更何況主要靠心理師「這個人」所進行的心理諮商工作。

以我督導的經驗，感覺到有不少的心理師是因對自己沒信心，平時就不相信和不看重自己，以致過度焦慮。新手心理師更是如此。這和我在《治療師的懺悔》這書所讀到的情況不太一樣。兩位作者傑弗瑞・科特勒（Jeffrey A. Kottler）和瓊恩・卡森（Jon Carlson）最後歸納二十二位受訪的治療師提到十一點無效治療的因素中，並沒有低自信這一點，反而有至少六位治療師認為「傲慢、自信過高、治療師的自戀主義」造成很大的負面影響。並呼籲治療師「要謙卑……接納自身的限制，認識到自己沒有想像中的如此重要。」[14]其中第十六位治療師爾德．富力曼則說：「我們沒有自己所認為的那麼聰明……」，受訪最後更提出「治療上的自戀主義」的十二點特徵。[15]

似乎受傳統的文化影響，我們的心理師較少出現「治療上的自戀主義」。在台灣教育環境中培育出的優秀學生，反而普遍有低自信的現象。這是我國心理師養成機構要特別關注的問題之一——需要提升學習者的自信心。

我們帶著高度焦慮進行諮商時，大部分的關注焦點會是自己。想著自己接下去該怎麼做、評估自己所說的話是否適時、合宜；懷疑自己走的方向是否對當事人有助益。於是，反而很難把注意力集中在當事人身上，無法專注傾聽和接觸當事人，更遑論要和當事人建立良好的諮商關係。

> 我們（治療師）太害怕犯錯，就會什麼都不能解開。[16]

> ……當治療師太過於努力時，幾乎不可能去掉自我，不能同理地進入個案的主觀世界，及感受當下的情緒……治療師最好是放鬆、有耐心，而且協助個案揭露他

們經驗的故事，不苛求自己的表現而分散注意……總之，如果治療師有過度表現的焦慮就會沒有效能，因為他們反應太多自己的內在需求，而不是了解個案的需求。

17

雖然，過度焦慮必然影響諮商成效，更會造成惡性循環。但要新手心理師不緊張，不焦慮，也是不可能的。

我想，既是新手，首先必須面對與承認自己的有限，接納自己正在學習過程的事實，而對自己有合理的期待。平時努力練習、虛心檢視自己的諮商狀態、接受督導，並常與同儕討論。但在進入諮商室工作時，盡量把注意力全放在個案身上，不要去想自己的「表現」如何。尤其，不能把自己專業尚不足的狀態，擴大解釋成自己本身不夠好。

10 心理師的自我照顧

一個人若能真正的「看重自己，相信自己，全然接納自己和愛自己」，並與自我和好，自然願意並承諾一定好好地照顧自己。

然而，心理諮商是一份難以得到立即成效的工作，耗費心力，卻不易感受到明顯的成就感和滿足感。加上諮商過程中陪伴受苦的當事人，接收的都是沉重的故事和強烈的負向情緒，心理師個人的情緒難免受到影響。這的確是個容易產生職業倦怠，甚至身心耗竭的行業。

因此，我個人認為心理師在照顧自己這方面，除了前面幾篇提到自我接納與肯定，建立良好有彈性的個人界限，真實勇敢的面對自己，不斷地自我探索與處理自己的議題外，還需要注意以下幾點。

一、了解自己的有限性

「放棄我們能幫助任何人的念頭，我們只能盡力而為，尊重與接納自己的有限性。」[18]接納我們也是人，能做的必然有限。如此才不會被過高的自我期許，以及過多的挫折感困住，較能以踏實、平靜的心面對工作。

二、生理的照顧

知名的政務委員唐鳳最常掛在嘴邊的「口號」是：「每天睡足八小時。」雖每個人睡眠需要和時間不同，但我認為睡眠充足對心理師確實是重要的。睡飽，頭腦清明、神清氣爽，才能以較積極、正向的心情面對自己和生活，並有效能地做好心理諮商工作，特別是設立自我界限以及去接納與理解個案這兩部分。工作順利也會反過來令人感到自信，形成正向循環。

其他如飲食均衡、規律運動等也是基本的自我照顧項目之一。

三、妥當安排生活時間

我離開教職改為社區諮商工作後，為配合個案能來談的時間，常有種很奇特的感覺——大多數人下班或周末休假時，我卻正好要出門工作。我知道有同儕為使團體諮商工作具連貫性，選擇用連假時間帶領工作坊，目前我們的連假通常包含重要節日呢！如傳統上是家人團聚的中秋節或端午節。因此，我們更需要妥善的規劃我們的生活時間，包括與家人、朋友的相處。

四、平衡個體化與親密感需求

個體化與親密感是人們核心的兩大需求，然在人們的生活中，這兩需求常會相互衝突。當我們建立各種緊密的親密關係時，多少要犧牲一些自己的需求或習性，配合關係的需要而協調甚至妥協；另一方面，追求自由、自主和獨立性，也往往讓我們與他人的關係暫時「分離」，處於較為孤獨的狀態。真正的成長與成熟，必定代表我們在生活上某種程度逐漸的平衡了此兩需求。

心理諮商工作本身也是，一則必須和個案建立信任良好的關係，同時又要保有自身的獨特性和主體性。所以我們更要照顧好自己的這兩個核心需求——懂得享受孤獨，也樂於與人親近，並能在生活中讓這兩種狀態自由轉換並達到平衡。

五、堅定的「信仰」

堅定的信仰能帶給我們很大的力量，特別在我們陪伴受苦的個案時，讓我們可更勇敢地存在。我不算有宗教信仰之人，但我相信生命、相信宇宙間存在著至高無上的能量，我所「信仰」的信念如下：

1. 人天生具有無限潛能。
2. 任何的生命挑戰都是我們人生的功課，要能面對與臣服。
3. 生命必能找到它的出口。
4. 人只能準備自己，時機成熟就會開花結果，需要耐心與等待。

這些「信仰」在工作中給我很大的支持力量。

六、從事帶來成就感和滿足感的休閒活動

從事有成就感和滿足感的休閒活動，不但有轉移及紓解情緒的效果，更能補足諮商工作本身少有立即、具體的成就感部分。不過，要達到如此功效的休閒活動，最好具有以下兩個條件：

1. **有能力並具熟練度的活動**：例如，我天生缺乏「綠手指」（green thumb）的天賦，甚至可說是「黑手指」。人們很容易養的盆栽，到我手中，即使努力學習和嘗試，總是很快就奄奄一息。雖說栽種植物是很好的身心療癒活動，但對我來說挫折感和殘害那些植物生命的罪惡感太大，園藝休閒活動就不適合我。而即使找到喜歡又有能力的休閒活動，如彈奏樂器，若平時不常練習，當遇上低潮時要用來紓解情緒，不但效果不佳，可能因彈奏不順讓心情更為挫折。
2. **多樣化**：若一個人只喜歡打籃球，當心情不好時卻遇到天公不作美，也找不到室內球場，又不易找到球伴，獨自雨中打球可能更感淒涼。很多休閒活動都有它的限制，多有幾項選擇才能適時發揮休閒娛樂的功能。

而培養興趣的同時，若可以找到促進健康、並能與工作性質達平衡效果的休閒活動更佳。如我的工作性質多是與人互動，適合選擇可獨自一人進行的休閒興趣；反之，平日與電腦、機器為伍的工作，能和他人一起進行的休閒活動則較適宜。靜態的工作形式，就該去做動態的休閒；如果工作需要東奔西跑的，就做些靜態的休閒活動吧！

七、實踐夢想

實踐想做與想做還沒做的事情；勇於實現被抑制的特質、需求與夢想。

八、建立志同道合的同儕支持系統

心理諮商基本上是很「個人」的工作，尤其是個別諮商，常處在單打獨鬥的狀態。因此，在工作之餘，很需要同儕相互支持與打氣。我非常幸運，一路走來，有許多好夥伴相隨。我們曾自組長達五年的讀書會，每個月聚會分享與討論閱讀心得；我也曾參加長期固定的同儕督導團體，每次由一個人以自己的專長帶領大家學習，或做個案研討，偶爾，也邀請專家學者來演講或進行團體諮商。這些都是非常寶貴與滋養的美好時光。

照顧好自己，才能好好照顧他人，是亙古不變的道理。

【註釋】

1 亞隆（2021），《生命的禮物》，頁104。

2 羅哲斯（1989），《成為一個人》，頁19-20，頁216。

3 瑪麗亞·葛茉莉（Maria Gomori），「回到療癒者的初心」，出自二〇一九年六月一日三小時講座黃騰億心理師筆記。

4 娥蘇拉·勒瑰恩（U. K. Le Guin, 2002），《地海巫師》（蔡美玲譯），木馬文化。

5 蘇絢慧（2020），《療癒孤寂：30堂課學會接住自己，建立內在安全感，成為能與他人連結的完整自我》，頁161，天下雜誌。

6 歐文·亞隆（2018），《成為我自己：歐文亞隆回憶錄》（鄧伯宸譯），頁258，心靈工坊。

7 陳俊欽（2003），〈諮商室外，我穿的鎧甲有多重〉，《張老師月刊》307期，頁122-126。

8 王溢嘉（2015），《與老子笑弈人生這盤棋》，頁236，有鹿文化。

9 出自教育部編制《國語辭典》。

10 科瑞（Gerald Corey, 2002），《諮商與心理治療理論與實務》（鄭玄藏等合譯），頁25-26。

11 克拉克森（Clarkson）和邁肯溫（Mackewn）（2000），《波爾斯：完形治療之父》（張嘉莉譯），頁168，生命潛能文化。

12 詳細作法請參考曹中瑋（2009），《當下，與你真誠相遇》，第八章。

13 「內、外界覺察」練習的方法，請詳見：曹中瑋（2020）《遇見完形的我：用覺察、選擇、責任與自己和好，解鎖人生難題》的附錄一，頁325-330，究竟。

14 傑弗瑞·科特勒和瓊恩·卡森（Kottler, J. A. & Carlson, J., 2004），《治療師的懺悔》（胡茉玲譯），頁258-269，生命潛能文化。

15 同上，頁175-177。

16 鐵波（Teyber,E.，2003），《人際歷程心理治療》（徐麗明譯），頁164，揚智文化。

17 同上，頁 59-60。

18 瑪麗亞．葛茉莉，「回到療癒者的初心」，出自二〇一九年六月一日三小時講座黃騰億心理師筆記。

第3章

諮商關係

諮商關係是諮商工作中最關鍵性的議題。甚至可以說，只有建立起良好的諮商關係，諮商才可能順利進行。然而諮商關係既複雜又奧妙，要維繫這特別的關係，相當具有挑戰性和難度。

1 諮商關係的特殊性

諮商關係特別嗎？它和一般的人際關係異同為何？

多數諮商安排一週一小時的碰面，就只有這一小時！除此之外，基本上心理師和個案並不會在其他的時間私下往來，諮商關係結束後，通常也不再聯繫。

現行諮商心理師專業倫理守則第六條：「諮商心理師應確認與當事人的關係符合專業、倫理及契約之關係……」明定諮商關係是一種專業、倫理及契約的關係。而倫理守則也規範要「以維護當事人的權益與福祉」為優先，言下之意，這自然不是你來我往互動平衡的人際關係。1

而且，至少在諮商當下，當事人處在困頓的狀況，期待心理師的專業協助，心理師則被要求其學養及能力是足以有效陪伴當事人改善其難處。因此，這也不是個權力全然對等的關係。

個案來諮商多需付諮商費用，即使是學校、社福機構個案不需自行付費，但他們也知道心理師有領薪水，知道這是心理師賴以為生的「職業」。在這情況下，當事人難免會對心理師的關懷產生質疑，如何輕易相信心理師是單純地以人的情感，全心全意地真誠對待自己。「現在我是相信你不會突然消失，不會隨意遺棄我，你也會關心我。因為你是專家呀！你是很專業的心理師嘛！」

且心理師在一週中，同時接很多位個案。理論上，我們對每位個案是一樣的認真投入，也付出同樣的關懷。但我若以當事人的心去揣想：「心理師接那麼多個案，我只不過是那麼多位個案中的一個。雖在諮商中感受到心理師的專注與關懷，但這是真的嗎？對每個個案都如此嗎？那我在其心中又被排在第幾呢？」這種種疑問，也容易使當事人感到困惑不安，沒足夠的安全感與信任感。

「你好像比較喜歡前一位個案。」曾有位個案A向我抱怨。個案A約的諮商時段是七點半到八點半。前一位個案B約六點到七點，因這時段B剛下班，又碰上交通最擁擠的時間，我和B事先約定可有十到二十分鐘的彈性。而A通常會早到，看得到我和B的諮商時間不一，偶爾還會「拖到」七點十五分後才結束。因此，A覺得我都給前一位個案較多的時間，他卻都得準時結束，感到我不公平，覺得我比較不喜歡他。

信任親密與專業契約兼具的關係

心理師和當事人當然也不是朋友。

我的朋友
因為在我們的友愛關係裡
我無法是個專家
我無法維持一必要之距離來看你
我要你贏
不管誰是你的手下敗將
我可能無法對你全然坦白
因為我要你好過
真正的友誼
會發展，會深入，會涉入彼此生活
而真正的，好的諮商關係

在諮商關係中，心理師要真誠一致地無條件接納、尊重與關懷個案。個案可能因自己的脆弱和痛苦，視心理師為求生的浮木，或在心理師的用心下，非常信賴心理師，說出從未告人的內心祕密。在諮商的那個時刻，兩人是真摯交心與信任親密的美好關係。

然而在諮商現場，我們並不是如對待好友和親人那般付出，不在一起時，也不會時時如掛記親友般地掛記著他們。很多位當事人都問過我：「你平時會想到我嗎？」

所以，諮商關係到底是一種怎樣的關係？真的只是個專業契約關係嗎？契約關係如何能是好的關係，能真正有效進行諮商？

我認為，對心理師來說，諮商關係必須堅守專業的契約關係，也要維持真正具信任與親密的良好關係，兩者要兼顧。同時，更必須如前兩篇章所討論，心理師既是運用專業角色工作的人，也是一位真實而尊重、關懷個案的人。

2 何謂好的諮商關係？

所謂好的諮商關係，不是當事人喜歡、依賴心理師，也不是當事人整個諮商過程都感覺很「好」、很安全、放鬆和舒服。好的諮商關係，是當事人能夠真正的信任心理師和這個關係，這份信任更不只是針對專業角色和能力，而是相信心理師這個真實的人。

在好的諮商關係中，當事人明白心理師是真正關懷、尊重和接納的，不論自己呈現多麼負面的感覺和經驗，心理師都願意傾聽與陪伴，並試著去懂得當事人，也會適時地真誠表達心理師自己的感受。

在這樣的關係裡，個案得以勇於面對自己，並可以依照自己的步調，慢慢地說出自己想說的，進而願意接觸自己曾經逃避、壓抑的內在傷痛或命運挑戰。即使個案在諮商過程感到不安全，不想回應心理師的探問，或對心理師有所不滿，也敢如實地告訴心理師。

瑪麗亞・葛茉莉在一次演講中，回答諮商關係的提問時，她牽起身旁翻譯夥伴的手說：

心理師可以一直牽著個案的手往前行，但個案就容易依賴心理師，當一放手時，個案又會無法自行前進。個案依賴心理師，自然比自己負起責任來要舒服的多……當我們越相信個案有能力，是自己的魔法師，我們就不會用『照顧』個案的方式幫助他。有效能的心理師是要去激發出個案自己的能力和信心……[3]

有效的諮商關係不是一味提供支持

我也一直相信，提供過多的「支持」，如同理，會剝奪個案從挫折中成長的機會。人們都有自我保護機制，要去面對殘酷事實或不想觸碰的傷痛，必定是很難受的，有機會逃掉自然最好。有的當事人會因此覺得：心理師太「了解」我的痛苦了，一定可以幫忙解決我的問題的，而放棄自己去面對與負起責任；有的當事人在不斷被同理的過程中，感到心理師能反應出自己內在的苦，認定心理師「認同」我的苦楚。即便心裡知道可能不是真的這樣，仍不自覺更相信：「我很可憐，我沒有錯，其他人才有錯……」，而繼續躲開困境，離現實更遠。

一個「好」的治療關係會製造出無效的治療，是因為個案變得過於仰賴治療師，認為自己缺乏治療師那種能力。為了實施正確的治療，你得讓個案感覺到與你一起工作可以很自在。4

所以只給個案溫暖支持的「好」感覺，諮商關係看似建立得不錯，但諮商成效不一定能朝好的方向發展。心理師一定要仔細思量：「我建立的是真正具信任感的諮商關係，或是一個依賴的關係？」

建立良好值得信任的諮商關係，最重要的責任在心理師。心理師要用淬練過的真實自己和夠好的專業能力，在諮商當下創造出每個讓當事人安在的諮商關係。

3 對當事人全然相信與保持懷疑

我對生命懷有很高的崇敬，更深信人生來就具有無限潛能。成為諮商心理師後，我更秉持人本主義的觀點，敦促自己往無條件關懷、尊重與接納當事人的理想邁進。是的，我因此全然相信坐在我面前的每位當事人。

既然如此，為何我要在此討論「保持懷疑」的態度？先讓我從幾個小故事說起。

故事一：

有位研究暴食症的學生，她在課堂報告的檔案中呈現了一張圖——一個纖瘦的女孩站在鏡子前面，鏡面反映出的卻是個相當肥胖的女子。這張圖很是震撼我，一面普通的鏡子明明能如實的照映出這正在照鏡子者的樣貌，但對某些人而言，看見的竟是心中擔憂和恐懼而想像出的自己。

故事二：

《雖然神經病但是沒關係》劇中，男主角文鋼太一直認為，母親是為了要有人能照顧生病的哥哥才生下自己，覺得母親總是全心全意地照顧哥哥，不關心自己。在母親過世後多年，他和哥哥重回小時候一家三口常吃的麵店用餐。文鋼太為哥哥和自己點了媽媽常點的麵食，但哥哥表示他不想再吃這種口味的麵。文鋼太問：「之前不是因為你很愛吃，媽媽總是點這個，為什麼現在不想吃？」哥哥的回應讓文鋼太很是驚訝：「之前因為你愛吃，媽媽才都點這辣味麵，我其實不愛吃辣的。」文鋼太覺得媽媽一向以哥哥的愛好為主，誤以為每次只點哥哥想吃的，竟連自己愛吃什麼都「忽略」了。

情緒影響記憶

在本書第一章第四節中，我們討論過，過往的經驗重現，需要靠記憶，但這導致「記憶自我」成了主體，由它「決定」我們自生活中經歷到哪些事件。於是，「經驗自我」經驗到了什麼，全受制於記憶自我記下的那些內容，而真正的經驗變成模糊不清。

然而，「記憶自我」常常犯錯，導致容易只記下經驗中不愉快的部分。

故事三：

我之前提過的一位個案，小學時期難得全家一起出遊，天氣也很好，全家人玩得很開心。但要準備回家時，當事人覺得很累，和妹妹吵著要搭計程車。媽媽可能捨不得花錢，也很疲倦，再被兩個孩子盧得生起氣來。不但在大庭廣眾下大聲斥責他們，還打了當事人一巴掌，覺得姊姊帶頭鬧，只處罰當事人一個人。當事人第一次和我提到這件事時，完全不記得被打事件前的美好時光……

在心理學上，有個「狀態相依記憶」（state-dependent memory）理論，指出情緒會直接影響情緒相關事件的記憶儲存及提取。也就是說，當你快樂時，比較會記住所經歷事情中快樂的部分；在快樂的時候，也容易憶起過往快樂的事。同時，人們在某種情緒狀態下，也會主動選擇比較注意及比較容易感覺到和此情緒類似的事情。如在感覺快樂的時候，會選擇只注意和感覺到當下發生的快樂事件。反之難過情緒升起時亦然。因此，一個人的一生是快樂多，或是痛苦頻率高，似乎從小就被成長世界中的情緒氛圍所決定了！

當一個孩子生長在嚴厲管教且缺乏愛的環境裡，經常經驗到焦慮不安、害怕與自貶的情緒。於是，他特別注意生活周遭讓人焦慮不安、害怕的事情，因此又更容易記住類似情緒的經歷。惡性循環下，容易想起來的也都是焦慮不安、害怕、自貶的過往記憶。

心理師若只「相信」當事人在這些狀態下的知覺、感受和記憶，那諮商會是多麼令人沮喪的工作！

留意特殊情況下的訊息扭曲

最後提醒，一些特定年齡層的個案，他們所想和所做的常常不一致：如年幼的孩子有些因認知能力不足和行為控制力不夠，而無法內外一致。他知道不可以打人，也說得出不能如此做的理由，但一生氣就控制不住動手。青少年好面子或青春期的叛逆特性，也常會表達相反的觀點和感受。

而某些個案在特別的心理狀況下，所表達出的和內、外在真實狀況總是有所差異。像電影《陽光普照》中的父親，總是告訴他人，自己只有一個兒子。他無法面對和承認還有個因傷害罪入獄的小兒子。

另有一位初老的女性個案，因焦慮或憂鬱受苦而來諮商。初步探討之後發現，她自小冀望很高，也盼老年時能照顧自己的兒子。但兒子在成家後，不但不願住在家裡，且刻意搬到遙遠的縣市，甚至不曾主動打電話連繫，這讓母親相當失望和難過。心理師在前兩次諮商中，以為當事人就只有這個獨子，直到有次同住女兒陪伴她來，才知道原來她還有兩個女兒，一個同住，另一個雖出嫁但住在娘家附近。這位母親在諮商當下，內心世界似乎只有那個已「離家」的孩子，也造成心理師認為她只有個獨子的錯覺。因此，在理解這類個案時，心理師要相當注意這言行或內外不一致的相關現象。

我們當然要全然相信個案這個人，即使是那些扭曲、誇大、錯誤記憶的一切，也都是當事人的真實感受和主觀經驗。但我們仍須保持懷疑之心，因為人類複雜而多變的認知系統、知覺限制、情緒保命機制以及本能發展出的自我保護機制或防衛機轉，會造成當事人記憶與陳述的扭曲，帶給心理師錯誤的訊息。我們存疑的是「住在大腦裡的八個騙子」呀！[5]

因此，我們在陪伴個案時，除了傾聽和同理，也必須帶著某種程度的疑惑和好奇。並保持「無所知」和清明狀態，不能與當事人一起陷落其痛苦和困境裡。

然後，善用跟隨、探問、引導、深究與催化等技術，協助當事人重新整理自己的各種經歷，以期盼能為當事人還原鏡子所映照出的真實樣貌，認回自己原本的喜好和特質，找出過往經驗記憶中缺少的其他幾塊拼圖片，以及創造生命中正向的情緒循環。

對當事人全然相信與對當事人的主觀經驗保持懷疑，看似相對的概念，但心理師必須保持並存的態度，因為這實在是做好諮商工作的必要條件。

4 諮商關係中的「抗拒」議題

我所學習的完形治療學派，對當事人的「抗拒」有很不一樣的看法。波爾斯認為「抗拒（resistance）和協助（assistance）是同一連續體的兩極」。他更提醒，「現在被認為是抗拒的行為，一度也曾經是一種有助於生命的決定……因此不需要去消除個體的抗拒力量。」[6]

完形諮商並不將發現當事人的抗拒行為視為在抗拒心理師或諮商關係，有時反而還會運用這部分來進行相關的「實驗」。如當事人以遲到表達對諮商或心理師的抗拒，我可能會請當事人「成為」「遲到」來說說話，適時地引導「遲到」說出當事人心中真實的感受。所以，心理師若能巧妙因應當事人的抗拒，這抗拒自然能變成諮商進展的助力。

在此，我其實想談的是人們本能地「抗拒改變」的習性。各個諮商學派，不論走何種路徑，最終目的都是引導當事人在生活中有實質的改變，變成一個自己更喜歡的人，過自己所愛的生活。心理師要能好好面對和處理人們不想改變的問題，諮商目標才可能達成。

改變是困難的

十年前生了場大病，病後很認真的檢討自己之前的生活狀態，和注意傾聽身體的需求。覺得自己應該吃有機健康食物、調整作息、增加運動的頻率，並實行「減法的人生」。然而，執行的過程並不順利，心情也跟著低落下來。

有天，讀著《榮格與密宗的29個覺》7一書時，突然浮起了一個特別的感受：我並不想真的「救」自己，也就是說，我內心有個很強的力量——不想真的改變，去過健康的生活。

既然知道改變對我是好的，那「不願意改變」的力量到底是什麼呢？為此，我細細地向內探究，發現：改變通常是緩慢地，需要對自己有高度耐心，且往往必須經歷過程中因不習慣而帶來的不適感。然而，若真的想要「好」起來，就得對自己負責任，不僅不能任性地去做明知不該的事情，且若再有什麼病痛，也怪不了各種外在因素。經過反省，我發現自己似乎對清心寡欲的簡樸「無趣」生活，以及放下我所「執迷」的一些東西，並未真心想望，比較像是一種「應該」。

如此棒喝般的覺察，讓我驚覺任性不想改變的一極力量好強大，迫使我必須重新思索什麼樣的生活樣貌更適合自己，不能只依循一般人所謂的「健康生活」。

這個體會，也讓我想到生活適應困難、陷在痛苦困境裡的當事人。人們在期盼「改變」、「調適」和「成長」的歷程中，同時也要面對的是另一股抗阻的力量。對心理助人工作者言，我們必須正視人們這矛盾的心理動力，而耐心處理諮商歷程因此而經歷到的停滯，類似完形諮商理論所談「進退兩難層／死層」[8]。當想要前進與改變的渴望，與那往前行時對未知的強烈恐懼，兩股力量在心中拉扯，那同樣是很煎熬與痛苦的。

不想改變的原因

我認為不想改變的心境有：

1. 人們的慣性問題。不只是生活上的習慣，在人際相處、情緒反應兩方面，往往都有固定模式，不需要思考即自動化運作。改用新的行為方式、建立新的習慣，確實不容易。尤其，過去沒有做過，會有不確定怎樣做才對的困擾，因此起頭特別難。

2.現實生活中，困境並非時時出現。當處在尚可應付或還有躲避的空間時，當事人會「幻想」一切沒事，而不去探究已有的傷痛，也就不必面對改變的焦慮。

3.無法確定改變後的狀況：「改變之後萬一更糟怎麼辦？身邊的人若對我的改變不滿該如何？我能應付改變後的各種新狀態嗎？我甚至還不確知到底真正想要的新狀態為何？」種種不確定感，使不安、焦慮過高，當事人因而容易僵住，動彈不得，開始自我安慰：留在原地似乎才是「熟悉和安全」的。

4.人們「主體性自我」力量不足，不相信自己可以做到，無法或不想對自己負起責任。不少當事人會不自覺期盼心理師能給出很好的建議和方法，就像灰姑娘的教母，或至少也有一支魔法棒，棒一揮，事情就轉變了！

5.人們大多理想性高，實踐力低。一般年輕的孩子們總有著許多天馬行空的理想，卻不管是否合於現實或能否實現，甚至並不真的願意花費心力去實踐那些理想。他們常會說：「我只是還沒要去做，總有一天……」處在艱困生活中的孩子，對他來說能掌控的事物太少，躲在幻想的世界裡自然比較容易。

成人雖能同時考量現實面和實踐面，但面對現實層面，其理想勢必要有所修正或妥協，不再是心中原先那完美無缺的「理想」。這種挫敗感，同樣會使他們挫折、失落，而從實踐中退卻。在我們的社會中，對婚姻或親密伴侶關係，特別有這種現象。現實及實踐面與心中理想的落差，也造成無法積極去改變的阻礙。

因此，即便是自願、自費來談的個案，主動想要改善現在所遇到的困境，依然會有上述這些改變的難。

若說，在諮商歷程中，當事人很少真正對心理師或諮商關係有所「抗拒」，那些抗拒，多只是他們心中對改變的恐懼與焦慮，和實踐上的困難。那麼，對心理師而言，那就可以較為平心靜氣地去「感同身受」當事人的心境和能適當因應那些抗拒的表現了。面對當事人的「抗拒」，心理師最需要的是「堅毅的耐心」，或說一種「鍥而不捨」的精神。「鍥而不捨，是心理師必備的強健心理特質之一。」[9]

當然，有另兩種情況產生的抗拒，心理師必須針對狀況適當處理。其一是心理師在諮商中確實處理不當，如過於急切，沒能真的懂得，或個人情緒投射等等而引起當事人抗拒。其二是當事人以「抗拒」來測試心理師，「當事人的測試行為遍及所有諮商關係，測試特別可能發生在最初的治療過程。且多數個案無法有意識地察覺到自己在測試治療師」[10]

前者，真誠一致的面對自己的失誤，試著調整步調和道歉是不二法門；後者，心理師需敏察此狀態，再以同理和「立即性」技術討論諮商關係，對化解這類抗拒會有所助益。

這部分實務面的處理，將在第四、五章再詳述。

5 心理師的自我坦露

在美國有不少關於心理治療的療癒因子的研究，發現治療師的「自我坦露」常是功效最大的幾個因素之一。存在治療大師歐文．亞隆是「自我坦露」策略最有影響力的倡議者，在他的《生命的禮物》一書中，共用了八個篇章闡述治療過程適時運用自我坦露的功效，和需要注意的事項。

運用自我坦露的文化差異

我個人認為，在諮商中「自我坦露」用得好，對諮商的助益的確很大。但它也是個很難用得恰當的「技巧」，尤其在中華文化下的諮商工作，特別需要注意這個技巧的運用。

第一，有時心理師希望分享曾有過的相似經歷，以造成同理的效果，或讓個案有普同感。但說的略多或內容拿捏得不恰當，當事人可能反而感到自己擁有的內、外在條件比不上心理師（至少當下），而更是挫折。

另則，自我坦露容易讓當事人對心理師個人狀況產生好奇，造成諮商的焦點轉移。當事人會想知道更多心理師的「故事」；心理師也難免在被問起時，多說了些，一不小心，更可能掉入自己的經驗感受中。

而「自我坦露」要運用得宜，首要分辨清楚的是：坦露自己絕不是因為心理師個人有分享的需要；其次，必須抓到準確的時機點和適當的內容。

在我們文化裡，很習慣用問問題來當煙霧彈，把自己真正的情緒和需要藏在煙霧之後。因此，當事人問心理師婚姻、家庭相關的私人議題，心理師不必然要如亞隆般：「……我都會直接回答。為什麼不呢……」[11]

這並不是要保持什麼莫測高深的專業位置，或是心理師的權威，或是如精神分析學派所謂心理治療師為「空白銀幕」的形象，而是希望更關心和理解當事人，問出某私人問題的內在狀況，給予更適當的反應及答案。因為當事人不見得要心理師針對他的問題回答，心理師不管回應什麼內容，當事人都很難滿意，除非心理師讀懂當事人問題背後真實的情感或需要。

謹慎回應心理師的私人問題

我三十歲出頭時，剛開始做社區諮商，一位單身四十多歲的男士個案，在第二次諮商快結束時，問我是否已婚。我就直接回答了，當時感覺還好。但他後來就以要出差、工作忙而和個管取消預約。督導認為，這是我太快地直接回應「我結婚了」。我想，或許他也不是因為我已經結婚而不願諮商，而是我沒用心去了解他想問的到底是什麼，便輕率地快速回答，可能因此讓他覺得我在防衛，或不是真的願意理解他。只是他沒再來，我也無從確知他的顧慮。

你是哪裡人、住在哪裡、家裡有幾個人、結婚了沒、有沒有小孩、做什麼工作、賺多少錢等等，通通都可以算是私人問題。我通常還是先選擇澄清和適度探索當事人問問題的動機，再判斷是否坦白以告。我認為，不直接回答個案所問心理師的私人問題，和真誠一致的精神並不衝突。

如歐文·亞隆所說：「謹慎說出治療師的私人生活。」[12]我想，即使是心理師必須要告知當事人自己的私人狀況，都要謹慎以對。除了文化的差異，更要考量個案的獨特性。

我十年前罹癌，必須動手術和進行化療，因此暫停諮商工作幾個月。當時，我很謹慎小心地對每位當事人說明我的狀況，若他們想轉介，也會協助完成。

當我控制住病情，恢復諮商工作後，其中一位原本和我談他妻子罹癌而焦慮不安、不知如何應對的個案，讓我感覺變得很難如之前那樣能接觸到他。我坦白地分享諮商中的感覺，個案才吞吞吐吐地說：「在你生病請假的這段期間，我妻子過世了……剛接到你能開始和我諮商的訊息，我很開心，終於可以好好談談內心深深的失落和悲傷。但沒想到，見到你好好地坐在這兒，內心竟出現……一種矛盾感吧！我當然真心欣慰你沒事，復原得不錯……但也有為什麼我太太卻好不了，老天爺不公的感覺……」這種對於我為什麼可以治得好的「質疑」，讓他很有罪惡感，難以坦然面對我，同時也難和我好好討論他自己的喪妻之痛。

雖我個人生病的實況不能隱瞞不說，但我既然知道他妻子也罹癌，再度開始諮商時，若能更主動去了解他面對「妻子過世，但我卻暫時復原」的感覺，及早接納這是種「只要是人就會有」的矛盾感覺，應可減低當事人的罪惡感，不至於演變到難以面對我的情況。後來，我們在一次諮商中懇談，我做了適宜的轉介。

我將心理師的自我坦露放在諮商關係這部分來談，就是理解到自我坦露是親密關係中兩人交會很重要的內涵。但在心理諮商這種特殊的關係裡，必須要謹慎運用，千萬不能只把自我坦露當成一種諮商技術呀！

6 關係與關係中的「個人」

我之所以想談談這個主題，主要因為我常感覺到，在我們的社會文化中，許多人在「一個人」時的樣貌，與在關係裡時的「那個人」很不一樣。人們清明地選擇在不同時空展現不同角色行為，那本是很正常的事，很自然也很合宜。但我指的是，也有很多人是混亂的，並不清楚自己怎麼了；內心更是矛盾衝突的，自己不了解自己，也認為不被他人理解；一個人時覺得孤單，而在關係裡依然感到疏離和孤寂。

記得幾年前，參加一場個案研討。提案心理師報告的個案，是位想要處理人際議題的女性。她諮商裡一直討論與人的關係，在關係中，她很害怕別人不喜歡自己，會拋棄自己；同時，她也操控他人，感到些許不舒服就毅然選擇離開。真是一種充滿矛盾、不安全的人際關係。

我聽著，突然有種很特別的感覺：這個案很重視關係，在關係中也很受苦。但是在她的各種關係中，似乎並沒有真正的看到「他人」，自己也不在那個關係裡。對此個案言，那是個沒有「人」的關係，關係是空的，或者可以說，根本沒有「關係」的存在。

而在他們的諮商關係中，即便心理師多次敏感到此，想和個案討論兩人的諮商關係，但個案總避重就輕地逃開，以致沒能有效處理。我甚至覺得，個案似乎在此諮商關係中，根本沒有「看見」心理師。

這讓我有很大的體悟，不論個案是否因人際議題來晤談，在諮商關係裡需要特別注意，個案在這關係中的「個人」。

自我寓居於關係之中

人類所謂「個人／自我」，是在「關係」中建構出來的。從發展心理學的概念來說，嬰兒剛出生的前六個月左右，還如在母親腹中一樣，是種與母親共生的狀態。共生期的嬰兒尚無法區分母親和他人，也沒有「自己」和「他人」的差別意識。透過「分離─個體化期」（六個月到三歲），透過與主要照顧者及周邊的人互動之下，才逐漸建立自我。

嚴格說，沒有關係就沒有「自我」。反過來亦然——若沒有「我」的存在，又哪來人與人的關係呢？關係至少是兩個「我」或「個人」之間的互動與連結。

當個案人前（關係中）、人後（一個人）表現出的自我樣貌很不一樣，又整合不好，內外在很矛盾、衝突，他對於在諮商中該呈現自我的哪些面向也容易很是茫然，內心就如一片迷霧森林。此時若心理師跟隨著個案，當然也就一起迷失在這森林中，見樹不見林，難以了解個案的全貌了。在關係上，這類個案不但本身容易產生人際的困境，和心理師建立信任的諮商關係也是困難重重。

我個人認為，面對這樣的困境，應先協助個案把「我」找出來，建構個案的「主體性自我」，並強化其自信心。有了清晰的「我／個人」，才有機會與他人建立起人我關係——個案與心理師的諮商關係亦然。

【註釋】

1 諮商心理師公會全國聯合會《諮商心理師專業倫理守則》，一〇一年一月七日第一屆第三次會員代表大會通過。

2 摘自郭麗安教授轉譯〈你要做朋友？還是諮商員？〉，出自《張老師月刊》。

3 瑪麗亞·葛茉莉，「回到療癒者的初心」，二〇一九年六月一日三小時講座曹中瑋筆記。

4 科特勒和卡森，《治療師的懺悔》，頁135。

5 此處借用范恩（Cordelia Fine, 2007）《住在大腦裡的八個騙子》（大塊文化）這本書的書名。

6 克拉克森、邁肯溫（2000），《波爾斯：完形諮商之父》，頁186。

7 羅布·普瑞斯（Rob Preece, 2008），《榮格與密宗的29個覺：佛法和心理學在個體化歷程中的交叉點》（廖世德譯），人本自然文化。

8 波爾斯所提「精神官能症模式」（Psychological Disorder）分為「陳腔濫調層／虛偽層」、「角色層」、「進退兩難層／死層」、「內爆層」和「外爆層／真我層」五層。

在心理治療實務上，必須一層一層的剝開阻礙個案與真我接觸的陳腔濫調層和角色層，再經歷「進退兩難層」和「內爆層」後，個案才能真正被療癒而與真我相遇。

而「進退兩難層」指剝開前兩層，不再受社交行為和角色期待的面具保護，但人們一下子又找不到自己真正的因應反應方式。也就是說，我們尚未學到新的行為模式，卻失去原先可供依據的行為準則，且不甘願退回去躲在社交禮儀和角色行為下。這導致進退失據、焦慮、混亂、感到自己完全被卡住的感覺，動彈不得。

詳見：曹中瑋（2019）《當下，與你真誠相遇》，頁75-79；派楚斯卡·克拉克森、珍妮佛·邁肯溫（2000），《波爾斯：完形諮商之父》，頁124-129。

9 周慕姿（2021），《過度努力：每個「過度」，都是傷的證明》，頁105，寶瓶文化。

10 鐵波（Teyber,E.，2003），《人際歷程心理治療》（徐麗明譯），頁256，揚智文化。

11 亞隆（2021），《生命的禮物》，頁159-160。

12 亞隆（2021），《生命的禮物》，頁157。

第4章

心理諮商的執行面

每一次心理諮商的進行都是非常細緻與獨特的，因此在執行面上的討論實在相當難以周全。

本章我試著從制定諮商目標、個案概念化的真正目的以及無條件接納當事人討論起，並主觀的選擇幾個各學派幾乎都會用到基本「諮商技術」如同理、面質、具體化等加以闡述，更將蒐集資料的方式分為跟隨、探問、引導、深究與催化五個層次。另外，也思考某些諮商實作可能常遇到的議題，如：諮商中可否提供建議，或直覺與隱喻的合宜運用等等，期盼能提供一份粗略的諮商運用概念地圖。

1 諮商目標的訂定

人的議題既大又廣，在諮商開始訂下適合的目標，是很重要的任務。這可從兩個方向思考：一是當事人之所以來諮商，他本身想要達到什麼成效？二是，心理師要把當事人帶到哪裡去？

原則上，以我自己的「個人諮商理論」觀點，諮商是以當事人為主體，諮商的方向和目標自然是以當事人的期待和目的為主，由當事人決定。

但若當事人想要的，不是諮商能直接達到的目標，例如，個案期待喚回根本不願來談的劈腿伴侶，或希望年紀不小的自己能很快找到結婚對象，則須視個案情況，在諮商開始時，重新和當事人討論更適宜的諮商目標。我通常會先試著引導當事人略為「轉換」他們的期待，修正成既能某種程度符合其原始想望，同時也是諮商可能協助完成的目標。

如前者，可將目標調整成「更能了解自己和關照自己真正的渴望，學習如何和劈腿的伴侶溝通」，讓當事人可以先回到自身，清楚自己的需要和特質，如此一來，才可能較清明地重新看見與伴侶關係的現況，做出對自己比較適宜的選擇——不管是願意再努力經營，或離開關係，都可能是好選項。而後者，改成「探索阻礙找到對象的因素，並增加與異性自在互動的能力」，諮商較能往此目標前進，而這確實也能增加找到合適結婚對象的機會。

當然，當事人可能並不願調整諮商目標，此時，心理師要巧妙解釋清楚這個新目標和原來目標的相關性，以及何以需要加以調整，才能讓當事人接受。

若當事人提出的諮商目標太大且抽象，例如：「我要更快樂」、「我要考完研究所後開始享受人生」，則必須經討論、聚焦而縮小，將目標更具體化，或規劃階段性的小目標，一步步來。

若經過評估，發現當事人的議題有急切的時間性，或已經明顯干擾日常生活，也可由心理師和當事人討論，先為其訂定一個短期目標。

而有時間或會談次數限制的個案（尤其是社福轉介或強迫諮商的非自願案），心理師也需要和轉介者討論，先找到一個小目標。能找到雖小但具關鍵性影響的目標自然是最好的。而所謂關鍵性，指此目標之達成對其他相關議題也能有正向影響力，或能啟動正向循環，造成漣漪效果。不然，至少要找到一個小目標，可在有限的次數中，使當事人能往前行並感覺有所進展，譬如減輕些目前的痛苦情緒。如此，當事人才能感到諮商是有用的，產生進一步接受諮商以改善自己的意願。

有時，諮商目標也需要隨著諮商歷程而不斷修正，而心理師更要有能力陪著個案依循目標前行，順利走到目的地。

諮商的終極目標

我認為每位心理師都需要慢慢地建立「個人諮商理論」，其中必然包含對諮商終極目標的想像。諮商終極目標屬於心理師本身堅信的諮商核心信念，也就是諮商師要將所有當事人帶往的大方向，是整體諮商遵循前進的依據。

我個人的諮商終極目標為：「協助當事人體會到自己擁有的能量、自我肯定並具掌控感，進而能清楚覺察自己內心和外在的環境，為自己做出最好的選擇，並負起責任。於是個人的潛能能充分發揮，達到自我實現。」

每位心理師都需要釐清自己的諮商終極目標，做為自身工作的依歸。

2 個案概念化的迷思

我早年學習輔導諮商，在寫個案報告的時候，印象中沒用過「個案概念化」（case conceptualization）這個詞，多以診斷、分析、評估等來代表相似的概念。後來學習的完形諮商學派，是個重視此時此刻的諮商理論，自然也不太重視個案概念化。

我在本文中，並非想深入討論如何形成好的個案概念化。只想澄清個案概念化雖有其重要的目的，但它不是強調以理論去分析個案，因為那樣容易變得只是套用理論去看個案，而忽略個案真實的獨特樣貌。

以下是兩段對個案概念化的描述：

> 個案概念化是一種說明個案目前所呈現和關注之困境的工作，包括臨床實務向度、治療向度、文化脈絡以及診斷向度的論述，讓實務工作者能夠設計具文化敏感度和有效的治療規劃。1

個案概念化：心理師在諮商歷程中，蒐集與統整案主認知、行為、情感與人際等面向的相關資料，以對案主的心理動力產生統整性與系統性的了解，進而訂定適宜的目標以及後續的處遇計畫。2

因此，個案概念化可說是一個不斷修正的過程。在諮商的前期，初步形成的個案概念化，可引導心理師蒐集資料的方向。之後，個案概念化能協助我們對當事人的狀況有整體性與脈絡性的理解，進而找出當事人的核心議題，為其設計適宜的諮商介入策略。

在此，我個人想特別提醒以下幾個觀點：

其一，個案概念化雖是以某個諮商理論，輔助心理師更有系統地理解當事人。但不論運用何種理論來個案概念化，重點還是當事人這個人。理論是歸納整理出來的通則，但每個當事人都是獨特的。

其二，每個諮商理論取向對人、對關係和環境，以及其間相互的影響等，都各有其獨特的脈絡和理論架構。除非心理師已形成「個人諮商理論」，不然只宜選擇最熟悉或最貼近自己的理論來進行個案概念化。對心理師本身言，即便是不同個案，仍用同一理論來分析個案，形成個案概念化，較為恰當。

其三，個案概念化不僅是為了有系統的整體理解個案，更是為了藉此發展出有效的諮商策略。因此，不斷修正的個案概念化，必然和諮商的目標以及諮商處遇計畫相符。不然個案概念化就只是個案概念化而已。

在心理師培育的歷程中，練習用各學派去分析同一個個案，是為了增進自己對各個理論的理解和掌握理論的不同核心概念，也能熟練個案概念化的進行，因此自然是個不錯的方式。但實務工作時就不宜如此。

3 全然地接納

卡爾．羅傑斯在《成為一個人》書中說：

> 無條件的正面關懷：治療者會體驗一種對受輔者的溫暖與關切——這關切不是佔有的，也不要求報償。這是一種單純地展現『我關心』的氣氛；而不是『如果你這樣這樣，我才會喜歡你』……治療者能把受輔者當成「獨特的」個體來接納與關懷，能容許他有自己的感覺與體驗，讓他自己決定這些感覺與體驗的意義。3

我也認為在心理諮商工作中，無條件接納與關懷當事人是最基本而重要的核心精神，但要真正的實踐並不容易。

首先，談談對當事人情緒的接納。

如何接納當事人的情緒

真心關懷個案的心理師，有時容易過為憂慮當事人的狀況，認為當事人受情緒困擾所干擾，難以做出理性的決定和反應，更怕當事人的所做所為會產生讓其受傷或傷害他人的結果。心理師若因此急著想幫當事人的忙，或用力的要將當事人拉出情緒漩渦，自然難以先穩穩地接納當事人的情緒。

尤其，面對表達出強烈自我貶抑、意圖自我傷害，甚至有自殺危機的個案（危機評估和自殺防治的積極處遇當然都需要做），最最重要的，是先去接納和理解當事人的感受。例如若遇到一位個案在網路被詐騙了情感和金錢，而責罵自己：「我實在太傻太笨了，沒人會真的喜歡我、愛我。」不少心理師會很快地去搜尋當事人在其他方面好的能力表現，或與其關係好的重要他人，試圖肯定他。當事人在此事確實判斷錯誤，此時其實心理師應先接納其懊惱、後悔的情緒，才有可能讓當事人區分：在這件事上，我的確不明智而被騙，而這種貪圖錢財的人也不可能真心喜歡我，但這並不表示我整個人都是無能、無法被愛的。如此，當事人才可能更為理性地回看自己當時的狀況，不再重蹈覆轍。

在電影《海灘走走》中，母親葛瑞絲為了先生的變心、執意離開婚姻而痛苦萬分，向回來探望她的兒子表達「不想活」的念頭。兒子以接納而界限清楚地回應：「如果人生讓你痛苦到想結束它，出於我對你的愛，我不會阻止你。只是我希望你做這事前一定要告訴我，不要讓我出乎意料，讓我有時間說再見。」[4]

這個例子示範了，危機處理其實不能太過急切地「強制」當事人承諾不自殺，不然反而會有反效果。在此，我想以下面這意象來描述急著救個案的無效狀態：個案掉落深邃暗黑的洞穴裡，他害怕無助地瑟縮在洞的角落，懊悔和怨恨自己怎會又重複N次地掉入同一個洞！對自己的失望，使其失去救自己的動力。此時若有人著急地叫他，要他伸出手拉住救助者拋下的繩索，當事人必然更為羞愧退後，躲得更深，縮得更小……。因此，在這種時候，我們只能先在洞口陪他一陣子，接納和同理他的情緒，試著探問這次掉落的過程，引導他感受自己有重新來過的能量。只有在當事人願意主動伸出手之時，我們才有機會救援成功。

其次，當心理師過度認同當事人情緒之苦，過度心疼他；或心理師因不能接納自己的某些情緒，以致也無法、不願去「接觸」當事人的情緒時，也就談不上接納。

還有一種難以接納的狀況是當事人指責、抱怨的情緒，特別是針對心理師時。心理師要知道，在諮商情境中，當事人對心理師發的脾氣多是投射性的，都是人們需求未滿足的表現，即使是攻擊式的情緒，也必有背後的苦，或者累積形成的生存策略。雖不恰當，仍是他們賴以維繫自尊的方式。即使真的是對心理師不滿，那更要接納當事人真切的感受，心理師有責任對此予以了解並進一步去化解。不然，良好諮商關係是維持不下去的。

當然，心理師也是人，被攻擊、責備還必須真誠地接納，確實不易。遇到這種狀況，我通常會深深地吸口氣，快速地以內在語言安撫自己：「那不是針對我的，仔細聽懂他的情緒在說什麼！針對的是誰？」

再者，在接納的議題上，不少心理師會被「接納你這個人，但不同意你的某些行為或選擇。」所困。既是全然無條件接納，當然都要接納呀！尤其有些行為或行為意圖多起因於情緒，不接納其行為或選擇，不就是不接納他的情緒？而且，「接納你這個人，但不同意你的行為或選擇。」可能讓當事人收到一種不一致的訊息：「心理師好像尊重和關懷我，但卻不贊同我的行為，他真的懂得我？真的接受我嗎？」感到既矛盾又困惑。

其實，這也算是一種有條件的接納和關懷。

當心理師能全然接納當事人，反而巧妙地避開贊不贊同當事人行為和選擇的難題。我們可能的確認為當事人的某個行為是不適當的，但因能理解他何以會這樣做，或能體會他當時的處境，衝動反應是情有可原或可理解的，從而先接納一切。由此，再慢慢拿著燈，陪著當事人看清楚路上的障礙，讓他摸索如何克服障礙，做出更合宜的選擇。

接納是一種很深的包容和願意理解的態度。表現於外的樣貌，是專注與傾聽並輔以貼近的同理，如此，當事人才能真切體會到這份真誠的接納。

而在接納的氛圍下，當事人才有勇氣和過去隔絕的、社會較不接受的情緒接觸，願意多停留在痛苦情緒中一會兒。如此，有些情緒會因此自然退去，有些則因這樣的停留，有機會被分辨與理解其真實面貌，讓當事人走上療癒的歷程。

當事人的自我接納

協助當事人接納自己，可以先引導他接受「自己的不接納」——我現在還無法接納自己「愛生氣和衝動」的特質，我還是想把他們趕走開。接下來，再幫助釐清當事人不接納的是這部分的什麼——讓我常得罪朋友、容易做出事後後悔的事情……。接著，促使當事人願意試著重新觀看並接觸自己不接納的部分，看到它們存在的目的以及對自己的助益——生氣有時似乎能保護我，使別人不敢輕易對我傷害；衝動行事雖然不周到，卻也讓我執行力高，不會猶豫不決。最後，再利用具象化的方式，讓當事人與其原本不接納的部分實質接觸和擁抱。

這個過程很需要心理師的耐心與細緻帶領，甚至需要多次重複工作，才能漸入佳境。

接納生命的各種遭逢

生命的某些部分，不要說「接納」，光是「接受」就很不容易。天生的限制、障礙或缺乏、不足；後天經歷的各種失落傷痛——失去摯愛、失去健康、失去財產、地位或心愛之物、被迫分離；以及，身體病痛與老化退化……，這一切的一切，遭遇時的時空狀態、挑戰的嚴重性，對生活的干擾程度，多是難以預測與控制的。

當事情發生時，人們內心經常憤怒地呼喊著：為什麼是我？為什麼是這樣的時刻？為什麼這麼不公平？老天何以這樣的殘忍？社會為何如此冷漠對待？為何太陽依舊升起、大地仍然欣欣向榮，只有我在黑暗的地洞裡？只能無力、無助、無奈地承受已到來的……

這樣的苦痛確實很難接受。然而，「接受」卻能產生一股很大的生命力量。因為接受了，情緒的激動也就能慢慢地平復下來。情緒褪去，理性思考與判斷才能運作。於是，我們可以去面對現況，看清楚目前處境中的困難與限制，找出大環境的資源和助力，覺察到自己還擁有的潛能和力量，以及，自我的障礙和缺乏。如此，也才可以懂得向外求助——向誰、向哪些機構、求些什麼？

只是，如何走到「接受」而「面對」的狀態呢？這對我言，仍是個困難回答的問題，且每個人的「自我」狀況和所遭遇的情形差異也很大。我只能說，通常當人們較為自信，能相信生命與他人，能理解自身情緒的特性時，會比較容易從接受走向接納。

對心理助人工作者言，必須懂得遭逢傷痛失落，是需要時間以及情緒必須被充分地接納與抒發。心理師只能裝備自己，成為能耐心陪伴與接納的「厚實生命者」，同時也是擁有良好助人專業能力的人。

至於，《道德經》五十八章中所說：「禍兮福所倚，福兮禍所伏」、「危機就是轉機」、「生命總有它的出口」這些道理，平日修為則是很好的指引，但對正在遭逢苦痛時，不論當事人或助人者，都先放在旁邊吧！

4 同理心的運用

在此，我先以卡爾・羅傑斯和歐文・亞隆的觀點，說明同理心是什麼。

在《成為一個人》書中，羅傑斯說：「同理心的理解，是治療者能準確而同感地了解受輔者的世界，宛如那是自己的世界。」[5]而亞隆在《生命的禮物》書中第六篇〈從病人的窗戶往外看〉說：「要從病人的窗戶往外看，試著去看病人所看到的世界。」[6]

諮商中的同理心不只是個回應個案的諮商技巧，更是一種態度和精神，對當事人傳達出心理師是聽得懂、接納且願意陪伴的訊息。好的同理反應必須基於兩個重要步驟。其一是心理師真正進入當事人的世界，「感同身受」體會到當事人的感受（以情緒為主）；再者，則是精準地把這種體會傳達給當事人，讓當事人能感到被深刻理解。此傳達包括了心理師整體的態度，符合想要表達的非語言的表情和身體姿勢，以及適宜的口語表達。

如何做好同理

我相信只有在心理師專心一致，以當事人為核心的當下，才能做到好的同理。我自己直到錄製教學錄影帶，在回看校對字幕時，才發現自己常會不自主地模仿當事人的一些動作。這同步的動作幫助我更容易去感覺到當事人的情緒，是能進入當事人世界體驗的一種助力。同時，同步模仿當事人的動作，似乎也是一種同理的回應，尤其是在自然而然的狀態下。

而有關如何能感同身受的體會，前面很多篇都談到了，在這裡就不贅述。只簡單分享在口語傳達上的一些重點。中文雖在描述情緒的字詞上不夠豐富，但是中文實在精深淵博，同理能以不同的口語方式來反應。

1. 成語或各方言中的俚語

如「熱鍋上的螞蟻」、「欲哭無淚」、「洩了氣的皮球」；台語有「見笑轉受氣」、「做甲流汗嫌甲流瀾」、「擔頭足重」、「氣身惱命」。

不過，俚語雖很鮮活，仍須注意對當事人是否熟悉、通俗，能否理解，以及在聽覺上是否接收得了。「如入五里霧中」其發音容易讓人誤解，當事人可能聽不出你在說什麼。

2. 行為描述

「你想重新緊握住他的手，再也不要放開。」「你想狠狠地甩他幾個耳光。」「你很想衝過去抓住他問清楚，到底是什麼意思？」

3. 以情緒的功能反應

「你想讓對方尊重你，所以凶他。」「你要保護你的家，絕不讓別人傷害你的家人。」

4. 共同經驗的引伸

「好像最寶貝的東西被偷了！」「感覺被出賣了！」

5. 隱喻的運用

「你像被關入地牢，並看著牢門鑰匙被丟進河裡。」「你太怕受傷了，所以築起很高、很厚的牆來保護自己。」

好的同理除了情感反應，在「簡述語意」時也要精準。簡述何種情緒反應的相關內容，常會左右接下去的走向。而且，簡述的內容愈精準，愈能提高同理的功效和深入度。

譬如一位小學五年級的孩子，他常情緒過度激動，有些不適應行為，讓老師和同學困擾，也實際影響了學習和人際關係，尤其常生氣暴走。某次諮商前一天，當事人正巧發生課堂衝突。那天數學課時，老師以提問方式複習某個單元，當事人對自己會的題目，總希望能被點到回答。第一題老師已點了當事人回答，第三題當事人又舉手，老師點了其他同學，當事人就生起氣來大聲抗議……，使得課程難以繼續。

心理師傾聽當事人激動地描述後，回應了同理。以下兩種同理的情緒相同，但簡述語意卻不太一樣：

1. 你剛好會的題目，老師卻沒有點你起來回答，讓你很失望和生氣。

2. 你很想要回答自己會的題目，但沒能如願，你很失望和生氣。

前者，以老師為主軸，反應的是當事人對老師沒叫他的失望與生氣；後者重點放在當事人本身，他的願望沒實踐而失望生氣。後者回應比較強調當事人是期望沒達成而失望與生氣的，針對的是這件事（期望落空）而非人（老師）。同理事與願違的情緒，接下去就有機會討論較積極、可調整的方向。例如人們常遇到無法如願的狀況，當然會不舒服、難過，但可以學習如何面對和因應。若同理對老師的失望和生氣，反而可能強調了師生間的芥蒂。

心理師難以同理的因素

同理心的運用之所以難，我認為有下面幾種：

第一，情緒本身太複雜，又很主觀。要理解、體會他人的情緒，當然難！

第二，心理師也是人，也是個獨特而主觀的個體。要進入個案的世界體會他的感受，多少都有些限制，特別當人們不願承認有這樣的限制時。

第三，我們的社會文化對情緒的誤解和污名化。在對情緒不友善的社會，心理助人工作者同理的能力較弱，是可以預期的。我們總把感受到情緒和情緒表達混淆在一起，更與不理性、「失控」、會傷人、傷害關係作連結，因此只想要讓情緒從生活中「消失」，而非面對與了解。

此外，有些情況是，人們因不願意面對過往傷痛的記憶，誤以為自己沒情緒感受，卻未察覺現在生活中正因此受到另一些衍生「情緒」的影響。例如，個案有意壓抑痛苦的深層情緒，因此在諮商中顯得淡漠，冷靜地回應心理師的深究，使心理師評估他是位習慣隔絕情緒的人，卻沒能注意到，當事人每天生活都感到自卑、挫敗，工作上常感到焦慮、對自己不滿意等等。這位當事人其實不是隔絕了情緒的人，只是隔絕了過往傷痛的痛苦。

再者，有個很弔詭的議題也很影響同理能力，那就是自我界限，特別是其中的情緒界限。沒有良好自我界限的兩個人，就如兩團模糊不清的雲霧，很難確定它們是否真切地相互碰觸，交會時也很容易混在一起，無法再回到原本的樣貌。當心理師沒有建立清楚的自我界限，會本能地害怕失去自我，產生防衛，逃避真正觸碰對方；即便勉強進入對方的世界，也因界限不明，而輕易被對方「融合／混淆」，不是背負著太多當事人的情緒離開，就是失去自己主體性的眼光，那也就難以真正「理解」對方。

不恰當的同理

關於同理，還有一些不恰當的運用，試述如下：

1.未能真正接納當事人的同理

有些不恰當同理與無法真正接納當事人有關，這部分已在上一篇討論。

2.同理反應過多

只要覺得當事人有情緒就同理，這是很不必要的，同理也要恰如其分。

3.同理反應太過冗長

大部分時候，人的情緒反應是複雜的，情緒刺激事件很少只引發單一情緒。心理師若想要周全反應出當事人所有的情緒，反而造成反效果。同理太冗長，反應太多不同情緒，當事人很難聽得清楚，也不易產生被理解的「觸動」。心理師要抓得準核心情緒，同時必須知道，對不同的情緒予以同理，諮商接下去的走向會不同，所以，適當的應用自己擁有的「權力」，更能有效幫助當事人。

4. 執著於探索是否是事件發生時的情緒

情緒升起其實都是「此時此刻」的，和久遠的事發當下感受自然有所差異，因此重點應放在「現在」浮出的情緒。嚴格說，心理師所感同身受到的當事人內在，必然是當下的，不可能去到過往事發的時空，最多只是進入當事人回憶的世界——這回憶也是屬於其現下的回憶。畢竟，在不同的時間回顧同一件事，憶起的內容多少會有些差異，何況記憶本身也可能隨時間更迭而增添或刪減。

5. 同理過多當事人「變異或扭曲」的情緒

下個篇章會討論「變異或扭曲」的情緒，如次級情緒、工具性情緒、投射、內攝或誇大的情緒等。因這些情緒已經變異，不是當事人真正的情緒，因此不宜同理，通常簡單情感反應即可。

6.「同理不代表同意？」

此觀點似乎合理，但其實並不然。當事人的想法、行為並不需要心理師同意與否，更不必去判斷是非對錯，至少不會傳達出我們心中的是非對錯。同理既是以同理情緒為主，更在傳達聽懂的、接納的、願意陪著你的意涵，自然不涉及同意或是非判斷。

7.過度同理當事人表達於外的情緒

這可以兩個實例來說明。

一位拒學的小二學生，家人強迫他上學。孩子怕父親處罰而到學校，但在教室門口大哭，並重複抱怨自己肚子疼等身體的不適。學校轉介給心理師處理。

心理師接手後，不斷同理孩子不想上學、想回家、想要有人陪伴的心情。當下孩子慢慢停止哭泣，但仍一直抱怨自己不舒服，想要回家（身體不適部分，已經過不同科的醫師診察，並未發現生理疾病，且不用上學時均無身體痛苦的抱怨）。心理師若只是針對他不想上學、想回家的心情作反應，其實只是反應了當事人行為表徵，並不是內心的真正情緒或狀態。心理師可能還不能理解當事人內在真正的情緒是什麼？但如上的同理反應，嚴格說只是在支持和強化當事人的拒學行為。

另外一位小六當事人，父親突然車禍意外身亡。他一直哭泣表達傷心和思念，捨不得父親離開。在還未理解夠多時，心理師也不宜給予太多、太快的悲傷失落的同理。萬一當事人有些很難說出口，且與悲傷不一致或相對的情緒時，當事人就不再敢告訴你。而說不出的情緒感受，才是最需要心理師同理和協助轉化、退去的情緒。

我遇到的這個個案，在慢慢探索後，才得知他背後複雜矛盾的情緒。在父親出事的前三個多月，當事人因父親誤會他偷錢而被毒打一頓。當晚，他在日記上抒發委屈和憤怒，氣到希望父親消失死去。因此，當父親真的車禍死亡，他除了一般的失落悲傷，還強烈自責。更進一步探究，我更發現當事人最核心的情緒是強烈的害怕。他害怕自己擁有詛咒人的能力，又自覺容易生氣，一生起氣常會升起詛咒人的念頭，萬一再害到人該怎麼辦。

這樣自責害死父親和害怕擁有害人的超能力，對同時傷心不捨父親離開的孩子來說，實在是很難說出口。心理師若太過同理當事人的喪父之慟，反而會使他更難將相對的情緒告人。

因此要特別注意，若尚未能真正理解當事人內在的情緒或需求為何，實在不宜過度運用同理。

8.同理時，陷入當事人的「問題」和「症狀」中

好的同理是同理當事人情緒之苦，不是同理當事人的症狀和問題。例如：一個個性過於強勢的人，因總愛挑剔他人、咄咄逼人，而使人際關係出了很大的問題，當事人與人互動的方式，算是他的症狀。心理師不要太著墨於在此症狀中的情緒，要繞過此「問題」和「症狀」，多與當事人這個人接觸，去體會他真正的情緒。

最後要提醒：當心理師進入當事人的世界試著感同身受後，體會到了就要退出回到自己心理師的位置上。諮商後紀錄或省思時，在諮商中已經懂得並適當同理的情緒，不需要再身歷其境地去體會，以減少我們過度負荷當事人情緒的狀況。

5 高層同理的難

嚴格說，高層同理的內容，是當事人還不願意面對、承認，甚至不能覺察到，或壓抑下去的情緒。既然是當事人不能言說和體會的情緒，心理師又是如何做到感同身受，然後反應給當事人呢？再者，即便心理師能體會，給出高層同理的回應，當事人是否願意承認或因此能意識到自己的深層情緒，也很難說。因此，當下要判斷心理師的高層同理反應是否真確合宜，也挺困難的。

但因為高層同理在諮商工作中非常重要。心理師拿著的那盞燈，能不能發揮功效，高層同理和面質是兩個核心技術。

對於當事人不想去面對、承認的情緒，心理師比較有機會在探問、引導或深究下，從事件或整體脈絡、當事人的非語言訊息，以及各種不一致的訊息，去覺察他受苦的感受。但是對於當事人壓抑很久的「深層情緒」，心理師往往難以如實體會到，或至少不太有把握。

在此，以我的經驗，試著談談如何做到貼近當事人的「高層同理」。

從反思情緒到敏銳跟隨

首先，心理師要對複雜的情緒「知識」融會貫通，並探索、梳理自身的種種情緒經驗。這樣的歷程不但能讓心理師親身體會情緒千迴百轉的特性，更容易感受到當事人的深層情緒，也能提升自我的清明度，不至使高層同理成了自我深層情緒的投射。

再者，心理師保持之前討論過的良好專注度，敏銳地跟隨著當事人，並讓手裡拿著的燈保持適當的角度，照向前方的路徑。就有機會循序漸進地，讓當事人藏在內心深處的感受，慢慢地浮現出來。

例如，一位順從乖巧的當事人，想探索她和父親的關係。在我細心的探問下，她描述幾個他們相處的事例，她的確事事依照父親的意見去執行。即便自己想做的和父親要求、期待不同，或自己並不同意父親的看法，她還是都勉強接受。但我感覺到，當事人其實清楚自己要的是什麼，或知道父親的看法並不正確，卻仍乖巧聽話地違背自己的心，這背後至少有些情緒，也許是委屈或不情願。

於是，我試著深究事例中的細節，看看是否可能有其他路徑去理解當事人的內在感受。其中一段，我問：「是否有過不想照父親的要求去做的念頭出現？」「沒辦法呀！

一直以來，只要不遵照他的意思，他就會大發脾氣。」當事人無奈地說。我再澄清父親大發脾氣的狀態時，感受到當事人對父親亂發火的害怕，特別是年紀較小的時候；而我還體會到，長大後的現今，當事人還新產生了其他情緒，於是我回應：「父親發這麼大的脾氣，小時候的你一定很害怕，難怪只能選擇順服父親。現在大了，心中不情願的感覺雖然清晰了，仍習慣照父親說的去做。」由此，我反應出當事人之前因年幼害怕而不得不順從，更試著接觸他還沒去面對的「不情願」情緒。

當事人承認自己真的不情願，但父親很不講理，只能少惹他，照做就是了。提到父親「不講理」時，她的語氣和肢體語言透露了生氣的意味。這自然是以高層同理來反應當事人壓抑的潛在憤怒之好時機。若覺得當事人溫順的特質目前還很強，那我高層同理的情緒用語，會改用比憤怒或生氣再輕一點的「不滿或不高興」。

我也可能往另一面向深究。這個個案有兩位手足，所以我還問了手足們如何因應父親不合理的要求，以及父親對待他們三個孩子的態度是否有落差。提到這部分，當事人情緒變得比較激動，甚至落下淚來。於是，我更敏察於她對父愛的渴求。隨著理解到其他手足並不和她一樣順應父親，我問到：「這樣事事順從父親的意見，除了避免他生氣，你還想得到什麼嗎？」當然，我也可以直接高層同理她渴望被父親肯定和關愛的情緒，但我以問題的方式呈現，更希望當事人能因此自己經驗到內在一直不敢碰觸而壓抑下去的情緒和需求。自己碰觸到的，必然更為真切，也不會有抗拒接收的可能。所以我雖是問問題，但這與高層同理有異曲同工之妙，還為當事人帶來親身體驗的效果。

核對無法確認的深層情緒

有學生問過我，高層同理可以透過揣摩和推論進行嗎？我想，若以上述的例子，我不能否認，那確實也有點揣摩和推論的過程。但我是緊跟著當事人的述說，加上合宜的引導和深究，一步步讓我或當事人去觸碰到其壓下去的感受和需求。只要不是全以主觀猜測去推論即可。有時，經驗較豐富的心理師，運用其敏銳的直覺，也是能很貼切地做到高層同理的。

若心理師體會到什麼，當下卻不太確定這個體會是否是對的。我會用以下兩種方式確認：「我不太確定，但似乎感覺到些你對父親的生氣，你有感受到嗎？」或是，「若我在這麼不情願的狀況下，雖照父親說的做了，但我會感到生氣的，不知道你也會有類似的感覺嗎？」

高層同理有其困難，但進入當事人的脈絡中，細細引導和體會，其實也不那麼難。

6 完形諮商中的核心技術：面質

完形諮商以覺察為核心，目標是幫助當事人摘下原有的有色眼鏡，看清事件本質，因此常需要運用「面質」這個諮商技術。我在專攻完形諮商學派後，對面質技術的功能和善用之道，有了較為深入的理解與使用心得，在此分享。

面質技術運用於挑戰當事人沒有察覺到或不願意面對的不一致或矛盾之時。這些不一致或矛盾都是阻礙清明覺察、造成內在衝突與掙扎、逃避真實自我、放棄自身選擇權等等狀況的源頭。

我近期更有些新的體認：面質不只是點出個案的矛盾和不一致而已，還能反應出個案不斷用無效行為去因應生命挑戰所衍生出的痛苦。有些人慣性地用著某種方式去滿足自己內在的需求，但無論怎麼努力，不但需求無法滿足，還換來更多的痛苦，甚至造成新的問題。像這樣的情況，如果妥善運用面質的技術，較能直接讓當事人看到：他是有選擇權的，只是他曾以為自己沒有，覺得都是被別人逼的。面質為當事人帶來了重新選擇和為自己負責的機會。

面質可以是諮商過程的轉折點

很多心理師擔心面質技術很犀利，好像在指出當事人的「錯」，怕會傷到個案，但其實，面質不是質疑個案說的不是事實，而是讓個案覺察他所表達和傳遞的訊息本身就有相互矛盾之處，所以，面質也能很溫暖、很簡單，甚至很輕鬆。

我以我的《完形取向教學影片》第三個個案「走出依戀做自己的守護神：完形夢工作」的諮商過程，來討論面質技術的運用。7

這位當事人以夢工作開始，慢慢探索出她與母親糾結的關係。雖然當事人說了很多事例，想證明母親無法真心地愛她，至少她不相信，然而她又一直為母親找理由辯解，不斷說對方可能如何如何……。我簡單面質：「可你明明感覺不是（對方的真心）……」

當事人為了向母親要愛，常忽略自己真正的需要。我提醒：「為了要這份愛，你影響了多少你自己真正的選擇？」當事人提到媽媽不愛自己，代表自己不值得被愛。我直接面質：「值得被愛和有人愛你，這其實是兩回事。」

在諮商的後半段，我們走向讓當事人能愛自己的目標，準備結尾。期間，她理智上能知道要好好照顧自己，但因為過往經驗而習慣忽略自己內在真正的需求和情緒，總是用「應該」如何的方式對待自己。就如母親只用自以為是的方式關愛她，並未用心了解女兒需要什麼、喜歡什麼，更以為她好為由，要求和期待女兒過母親認為應該要有的生活方式。我關心地面質：「你愛自己的方式，似乎有點像媽媽愛你的方式，來對待你自己。」

面質也可以以幽默的方式表達，像此當事人遲疑：「我可以愛我自己嗎？……那會不會變得得意忘形、樂極生悲……」我輕鬆地面質回應：「那（得意忘形）只是個成語呀！」

當然，有時以面質方式反應出殘酷的真實現況時，難免讓人有些難以承受，但只要心理師評估清楚，語氣溫暖支持，後續有更明確的工作方向，這樣的面質反而能成為諮商過程中重要的轉折點。

在這個案例中，我即在很關鍵的時刻，說出了「殘忍」的面質：「如果媽媽不能給你無條件的愛，這世界上很難找到有人能給你無條件的愛。」我在說完這句話後，自己也紅了眼眶。看到當事人因此傷心哭了，我真誠地同理：「這真是讓人悲傷！」我敢反應這樣的面質，基本上判斷當事人內心已經有些明瞭，但一直不願去面對，仍被困在那得不來的無條件母愛的狀況裡；再則，我相信，長大了的我們，只有我們自己能給自己無條件的愛和全然的接納。因此，也是因為這句面質，才帶出諮商的新主題——轉為探討當事人和自己的關係。

同時，面質也可以只是用來澄清當事人的前後不一致，如「你今天說的＊＊，好像和上次說的＊＊有點不同，是我聽／記錯了嗎？」若當事人輕描淡寫地說一件讓他痛心的事件，心理師則能用面質回應這樣的落差感；而當事人總是說「不知道」，我們也可溫暖的回應：「也許你不是不知道，但我了解，開口說出來，對你好難，沒關係我們可以慢慢來。」這也是帶著同理意味的面質。

關於面質，有一位心理師督導後的心得是這樣的：

> 工作這幾年來，我發現某些個案我特別少去面質、去挑戰，特別是孩子。其實對這些受傷很大的個案，裡面好像也有我自己的投射。我也是個很敏感、容易感覺到受傷的人，面質他們怕讓個案們受傷，很可能是我自己生命經驗的害怕的投射。當我自己慢慢體會到，自己在面對生命中的挑戰或困境，其實我是承受得了、可以去消化處理。我才能真的相信，個案沒有我以為的那麼容易受傷。如果面質跟挑戰

在諮商過程中對個案是重要的，甚至是唯一幫助他們的方式。我可以溫和堅定去執行面質這個技術。

帶著「慈故能勇」的態度運用面質

……我有三寶，持而保之。一曰慈，二曰儉，三曰不敢為天下先。慈故能勇，儉故能廣，不敢為天下先，故能成器長……

——《道德經》六十七章

王溢嘉在他的書《與老子笑弈人生這盤棋》裡，舉了個母親保護孩子的例子，以解析上述「慈故能勇」的意涵：「所謂『為母則強』，看似膽小柔弱的女人，因為對孩子的慈愛而使他變得勇敢堅強無比，這正是老子在此說的『慈故能勇』……老子所說的『慈』會產生『勇』，和佛家的『慈悲』不太一樣。」8

對此我很有感觸：在心理助人工作裡，「勇」在慈的後面，以「慈」為勇的基礎，讓我們基於關愛而好好地勇敢運用面質的力量。悲其所悲、苦其所苦的時候，若跟著陷入對方的情緒中，實則幫不了什麼忙。我們要如「為母則強」的狀況，冷靜堅定地運用力量去助人。

只有慈愛和悲其所悲的同理，沒有了勇氣，不但容易弱化了心理師自己的能量，也比較沒辦法看到個案擁有重新為自己選擇的力量。

西方知名佛教比丘尼佩瑪．丘卓（Pema Chödrön）有段話這樣說：

> 我們所說的話是發自內在的柔軟善心，更有療癒效果，而且不會分化人心。我們的言語不會讓他人自我感覺不好，反而幫他們感受到自己內心最好的部分……在我們可以用語言療癒他人之前，需要處理自己的內心和習氣……[9]

我認為以上述這段話的精神用於面質技術很是恰當。我們出於對個案無條件的接納與關懷（柔軟善心和慈愛），內在更沒有一絲抓到個案錯誤或批判的想法，而只是感覺到對方內心有矛盾和痛苦所造成的不一致時，我們就能表達出適宜的面質。這不會傷到個案，而且能具有療癒的效用。

7 常被忽略的探問技術

我們自小每天都不停在問問題，沒有人認為自己不會問問題。但我認為，在諮商工作裡，問對問題、在適當的時機問問題、問出好的問題，對諮商的順利進行至關重要。這其實是需要很深的「功力」，但我們常常忽略對這個技術的學習與磨練。

諮商開始時，心理師對當事人生命歷程發生過什麼事、主觀經歷過什麼，以致形成現在的受苦困境，自然是一無所知的。因此，我們必須根據當事人釋出的訊息來理解他，不可能憑空去論斷。心理師雖然可以透過專業知識與能力來增加了解的深度，但那仍是基於當事人所透露的素材。探問的目的就是豐富這些素材。當然，不只聽當事人回應的口語內容，更要注意當事人在回答問題時的非語言或矛盾訊息。

當事人在描述曾經歷的重要事件時，心理師適時的探問，能夠還原當事人所經歷的現場經驗。心理師不可能出現在當事人的現場裡，但當事人在，親身在那兒。然而，當事人通常記憶較偏頗，可能只記得整個事件不愉快的部分，或是只記得片段、時序混亂不清、沒注意到該有的與會有的一切⋯⋯，透過探問，能較為完整和少些偏移地「重建現場」。

而諮商方向和目標的掌握，也需要經過探問的過程。但心理師不能自己跑遠了，問的內容擴散太廣，勢必要掌握探問發散的幅度，通常以當次討論的主軸問題之相關範圍為準。根據我的督導經驗，很多時候心理師常常該問的問題疏忽沒問——當事人說得理所當然，心理師也太快的認同當事人的說法，錯過很多探問的關鍵點。

在諮商過程裡，心理師常常對當事人所描述的情況有很多疑惑，卻因一時之間找不到適切的問題或時機提問，或對提出問題有些莫名的擔心，就忽略或要求自己忍下。對當事人所述感到意外與困惑之處，通常都是洞悉問題的好時機，我們要相信自己的感覺。我們覺得怪怪的，很有可能是個案沒說清楚或隱而不說之處，而這隱而不說的部分非常可能是個關鍵。這時進一步探問正合適，千萬不能錯過。

而當心理師問的問題不同，諮商的方向就會完全不同。

如何進行探問

1. 一次只問一個問題，問題更要簡短

探問多在諮商初期使用，這時當事人通常心思混亂、痛苦情緒強烈，如果問題很

長，或一個問句裡包含好幾個問題，當事人很難聽懂並有效回應。尤其，探問的目的是「重建現場」，如果問題太複雜，會讓當事人使用過多的思考、判斷、比較等，反而不容易達成還原現場的目的。

2. 多問開放式問句

問簡單的開放式問句。例如，發生了什事？怎麼了？說說最近一次和母親起衝突的情形？讓個案能主動表露，有助於後續的理解。

但有幾種情況例外，反而要問當事人可以簡單回答的封閉式問題，例如當事人情緒很混亂、沉默不開口說話或當事人年紀太小時等等。

3. 具體化五個「W」，問當事人該有的、會有的、沒注意到的、沒說完或沒說出來的各種細節。

哪些人（Who）？例如，一位女性當事人在諮商中，敘說與母親激烈爭吵的經驗，我聽當事人的描述，感到有些特別，好像家中只有母女兩人，然資料中這是個五口家庭，尤其事發在晚餐時間，應該會有其他人在場。於是我問：「當時有其他人在場嗎？父親在家嗎？」

在當事人回答問題時，才注意到爸爸雖然在，但是很像個隱形人。說著說著他感到自己其實更氣爸爸，氣爸爸冷漠和事不關己的態度。後來更體會到：「媽媽說不定也是氣爸爸的心根本不在家裡，他們的關係很差……也許媽媽只能拿我們當藉口，或是把氣出在我們身上……」當事人在適當的探問下，對媽媽有了些不同的理解，母女關係有機會開始產生一些變化。

什麼時候（When）？我最常會先關注時間軸——這情況發生多久了？最早一次是什麼時候？那時候你自己和親近的他人有發生什麼特別的事嗎？或你當時所處環境有什麼改變？怎麼選擇在這個時間點來諮商？

什麼地方（Where）？不只問：「那是在哪發生的？」舉凡環境附近的狀況，當時的氣氛如何等等，都可以問。唯一要注意的是，對於當事人的重大創傷經驗或相當痛苦的事件，不適合探問這方面的細節。

發生了什麼事情（What）？例如，有位當事人很簡要描述自己的腿傷，是小六時發生一場意外造成。接著，直接談及她治療的艱辛過程，以及父母不知所措的對應，讓心理師直覺感到有些特別。終於找到適當的時機，心理師關心地問：「小六那時到底是發生了什麼事？」當事人才遲疑地說出實況：父母激烈爭吵、互砸東西，當事人想出來勸阻，卻被一片碎掉的玻璃插進腿部……

這「事實」和心理師最初聽到發生意外而聯想是車禍之類的很不相同，自然，之後的諮商也轉了方向……

過程是如何（How）？韓劇《雖然是精神病但沒關係》中讓我印象最深刻的一段，就是男主角年幼記憶內容的轉換。主角一開始，回憶母親對待他們手足的種種，都是明顯偏愛哥哥的情景，媽媽總是以生病的哥哥為重，對他很是忽視。他因此一直認為母親不愛自己，他只是生來協助照顧哥哥的棋子……。有一幕下著大雨，母親撐著把大傘，帶他們兩兄弟回家。突然媽媽發現哥哥淋到了雨，立刻把傘偏了過去，還把哥哥拉進來些。這時雨傘遮住主角的就更少了，他也淋濕了。主角很傷心的停下腳步，在雨中看著母親和哥哥撐著傘繼續走著……記憶就停在此處。

後來，經過很多生活事件的挑戰，和房東太太的開導。他開始理解母親的辛苦、對哥哥未來的憂心，而媽媽是看重自己的，期盼他們長大後手足能相互依靠。於是，主角那次淋雨事件的記憶內容有了後續：母親很快就發現他沒跟上且淋濕了，馬上衝回來摟著他，三個人一起跑回家，幫他擦乾……

若以諮商歷程言，心理師聽到主角說到上述經驗的前半時，若能及時產生疑惑：「這母親就這樣放任小兒子沒跟上，讓他在大雨中淋雨嗎？」而問：「那後來呢？」說不定，當下就有機會幫助主角，想起後續母親的對待方式。

五個「W」可適時地綜合探問。

另外，心理師也能連結之前當事人說過的訊息，探問後續或現在的狀況。如：「你說最近身體有些不舒服，是怎樣的一個狀況？」或問：「你說最近身體狀況不好，身體哪裡不舒服？」當事人：「心口悶，有時好像呼吸不到空氣。」心理師：「我記得你說過，國中時曾經有過心臟的問題，一段時間不能上體育課。這次的……」

那可能不只是幫助當事人對自己有更多覺察，還讓他覺得心理師真心關懷他，記得他說的一切。

抱持開放與同理進行探問

4. 抱持著開放的心傾聽當事人的回應

若當事人對心理師的探問答非所問，就需特別注意，要記得我們自己問的是什麼問題，不要讓當事人顧左右而言它地帶偏了。不願正面回答的問題，對當事人一定是有意義的，心理師對這一點必須留心並記住。當然，是否追問或先放過，則要看當下諮商關係和當事人的狀態而定。

5. 配合著同理的探問，效果最好

這樣的探問，比較不會變成類似蒐集資料的詢問，讓當事人不舒服。此外，同時關注當事人的情緒，能讓當事人透過情緒線索更能慢慢深入其境，而過往事件當時的情緒也容易在此時此刻自然升起。如此一來，不但心理師可得到更多的訊息，當事人也因經驗情緒，而事件當時的狀況在腦海變得更加鮮明。

我覺得「探問」在諮商歷程中，還有個更重要的目的：幫助當事人重新看待他身上發生過的事情，而且，是經由心理師探問細節所見。因此，當事人有機會看到他沒注意的、他不想看的、他以自己「眼光」扭曲「事實」的部分等等。於是，當事人就能有機會對整件事有不同的看法與理解，改變就可能自然地發生。

8 諮商中的跟隨、引導、深究與催化

以我在諮商工作中的位置與角色：「希望自己站在當事人的左或右旁，略為後方一小步，為他點亮一盞燈，陪他前行」而言，跟隨、引導、深究與催化這四種方法都是經常需要交錯運用的。

跟隨

我站在當事人的左或右旁，略為後方一小步，以當事人為主，我只是跟隨。但我會幫當事人帶上一盞燈，因此我不只被動地跟隨，也在跟隨中，以點燈的方式，適時反應當事人在路程中的狀況，如：「聽你說起這件事時，聲音變得很輕，好像有不少情緒。」

引導

引導是一種具有方向性的提問，如：「似乎你很少提到父親，要不要說說你的父

親？」「感覺你和伴侶的互動有些固定的模式。這模式你熟悉嗎？還和哪些人也會有這樣的互動模式？」「求學的經驗如何？」

引導和探問的不同，是引導有帶領的意味，引領當事人走向心理師認為需要討論的方向。不過，以幫當事人拿一盞燈的隱喻，這引導不是心理師主觀的探究和要求，只是用那盞燈照向當事人沒注意、沒看見的「路況」。

深究

深究是對某些核心議題深入的探索。我的完形取向教學影片的第一部《憂鬱男孩的彩虹力量：未竟事宜的處理》中，從跟隨、探問和引導等方式了解到當事人遇到父親燙傷意外，雖他實際上因應得很好，但情緒開始低落。當事人覺得他快要被溺斃，害怕自己再度憂鬱，而做了高中憂鬱症發作時深感挫敗的夢。我判斷，很可能高中時憂鬱的未竟事宜，在父親燙傷事件裡再度浮出，進而影響當事人，「放大」了現在面對高壓力時的情緒。因此，我開始對高中當時憂鬱症的情況做深入的了解。[10]

深究和探問的不同，深究是針對某情況往下、往深走；探問比較是重建現場的概念，在心理師尚未知道某些事發生的情形之時，去具體化事件的實況，可以說比較是往廣度走。

催化

催化是適度地引出當事人還壓抑著或碰不到的議題，通常以情緒部分為主。

四個技巧的綜合運用

運用這四種技巧時，從跟隨、引導、深究到催化，心理師的主導性是逐漸增高的，視當事人的特性、諮商的進程、當下的狀況和諮商關係的穩定等因素，適時地輪流運用。

我的完形取向教學影片第四部《失控的心靈藍洞：從夢走向自我整合》中，從當事人的夢，探索其一個美好但過於強大的能力，那也是讓當事人自己既害怕又喜歡的強勢特質：「易感／過度敏銳」。

這段過程我以緊緊跟隨當事人為主，隨時反應當事人的狀態和同理她，讓當事人自己決定「實驗」的內容要做些什麼。

當我找到諮商初步目標：協助當事人學習掌控「易感／過度敏銳」此一特質。於是，我運用有方向性的引導，以理解易感的特質對生活有哪些實際干擾。特別是在專業工作時，到底如何對當事人既有助益又讓其害怕不安。

而當當事人同意我所說：「其實你是可以掌控『易感』的。」但她想想又補充：「若不加上其他一些東西就還好。」這句話很關鍵地帶出真正的問題，我必須針對此繼續深究下去。深究後我才發現，原來當事人的「焦慮」、「責任感」和「符合他人期待」這三個特質，會常伴隨「易感」一起出現，而使「易感」放大到當事人無法掌控，甚至一發不可收拾的地步。

在期間，當事人突然沒了情緒。當時她只感覺胸口悶，我讓她「把注意力放回身體上，用手摸著胸口，體會它的緊和悶的感覺。」當事人在試著用整理「易感」代表特質的布，象徵性的練習掌控此特質時，我提醒：「慢慢地去感覺你在移動、整編這代表『易感』的布，可以多用點力，或是去抓緊它……」這即是以催化引出當事人自動吞下的情緒。

必要時，我也會給予當事人較高的指導性引導。

如在這個個案工作最後，我將在諮商過程中所看到的一些令我困惑的部分回應給當事人——在這期間，當事人的很多動作，常讓身體處在不太舒適，甚至是容易發生危險的姿勢。我告訴當事人：「我既驚訝又心疼，你有這麼美好又強大的『易感』特質、能力，怎麼完全沒能覺察到自己姿勢或動作的不適與危險？」因此，我主動邀請當事人試著做一段小小練習，以把這「易感」能力用回到自己身上。

同時，我在這段工作中，也直接給了當事人提醒式的建議。

我請當事人選一塊布代表她的身體。當事人立即說了「我的身體很爛、很慘」之類的話。我擔心她找塊破布，如果這樣，要進行好好疼惜、照顧自己身體的工作，就難以順利進行，且此時諮商時間也不多了。所以，我直接提醒：「不是它本身很爛很慘，而是被主人對待得不夠好才如此的，你要挑的是代表你原有的身體的一塊布。」這提醒似乎起了很大的作用，當事人真的意識到，自己是身體的主人，但她總忽略去聆聽身體不適的訊息，更沒有好好地照顧自己的身體。

之後，這段工作進行的很順暢。雖然短時間內，當事人還無法對自己的身體承諾什麼，但真摯地道了歉，並承認身體像是個受虐兒，而過去虐待她的正是主人自己。[11]

善用跟隨、引導、深究與催化，和上一篇提到的探問技巧，都能幫助我們深入理解個案，並順利進行諮商工作。

9 不論因果，不問為什麼

不論因果？

西方文化談「歸因」，並發現這是人類的基本動機之一。不管是對自己或他人，每個人都希望對事情的結果或發生的狀況找出某種原因，彷彿若能知道造成事件的因素，就比較有安全感，似乎一切都在掌控之中。

而在東方文化裡，我們更相信：種下什麼因，就結什麼果。因果關係清楚明白，這世界也就可以預測，規律運轉。因此，在積極面，這能鼓勵人們做善事、種好因，以換得有好的結果；在消極面，遇到不幸事件時，會覺得可能是自己之前種下不好的因，只好接受和面對。然而，若以此觀點去理解他人的不好遭遇，則較無法做出同理的反應，容易落入「世界公平信念」，而對遭遇苦難的人產生偏見或歧視。

然在心理諮商中，我們面對的都是被困境所苦的人，不論造成現況的原因為何，花太多力氣去找出原因對改變現況實在沒太多意義。一則是，因已經種下了，難以去除。

例如，我日前因為搬過重的行李而閃到腰，當下最重要的就是治療腰傷，處理這個結果。當然，探究腰傷的原因可以未來避免重蹈覆轍，也很重要，但還是必須分辨輕重緩急，處理上有個先後次序。

另則，造成我搬行李閃到腰的原因很是複雜：急著出門沒注意用正確的姿勢？核心肌群力量不夠？太高估了自己的能力？行李太重了？平常我會請家人幫忙，剛好那天沒人在家？——這些確實可能全都是原因，之後都該注意並改善。

我的治療醫師雖會澄清事發經過，作為診斷和治療的參考，但主要工作還是會著重在確定我現在疼痛的部位，測試行動狀況，甚至照X光片看脊椎是否受傷，以訂出適宜的治療計劃。心理諮商的療癒過程，不也該是如此嗎？尤其，心理議題引發的因素更是複雜，大都是多重因素交互作用所形成的，很少只來自單一因素；而且心理困境通常是經過很長時間的發展脈絡（也很少人一有不適就找心理師，拖過數年也是常見），或說個案成長過程大大小小的遭遇，都可能「成就」現在的狀態。

然而，在我的督導經驗中，不少心理師或當事人自己，將當前的適應不良歸因於過往的某個重大事件上，例如早年失親、小學時的性創傷等，因而集中心力處理那個「創傷經驗」，而忽略目前生活中的其他影響因素。即便我們能確定某關鍵事件是引發當事人現在痛苦的主因，但仍要注意到，人生是發展性的歷程，身邊所有的人、事、物都繼續在進行並影響著我們。

譬如在幼年時經歷父親突然意外過世，當然是重大失落事件，影響當事人和整個家庭，更可能是左右這孩子成為現在樣貌的核心因素。但我不會說這是唯一的原因。因為，接下去這孩子遇到什麼人或事，也很重要。如遇到很照顧他的老師，在學校也表現非常好；或是遇到同學、鄰居嘲笑他沒有爸爸，家庭也因經濟困難受親戚瞧不起，對孩子心理成長的影響可能會不同。此外，這孩子的母親和手足在父親過世當時的因應態度、能力，可能更是關鍵——媽媽因此憂鬱失能，或是很堅強與孩子一起面對喪父悲傷，情況就會完全不一樣。所以孩子現在的適應困難，哪些才是主因呢？

再者，各種「成因」都已成過去，都是已經發生的事情。已經發生的事情改變不了，找到這些原因，可以作為參考，可以重新看待與詮釋，但對於改變現況的直接幫助可能不大！

還有一些原因可能流於表面或只是錯覺。譬如有些看似造成不幸結果的明顯促成因素，也可能只是個導火線，即所謂壓垮駱駝的最後一根稻草，例如孩子因被母親沒收手機而跳樓自殺。

又譬如，現今資訊發達，市面上有很多大眾心理學文章和書籍，談論著相關的知識和論述如：幼年經歷如何影響我們；父母家庭因素左右人的一生；學校霸凌或重大意外事件等的作用力；或是，分析各種人格特性如高敏感性特質、各種症候群對人生的影響等等。這些當然對很多人有正向的幫助，更有很好的心理衛生宣導功能。但心理師要注意，有些當事人會從中找出符合自己的狀況，主觀且執著地認定這就是他現在挫敗的原因，只希望心理師直接處理這件事，減低或消除它的影響。

我並非認為諮商不需要討論因果、不去找出各種影響因素。但我真正要提醒的是：花太多力氣去找原因，不如好好探索整個人生經歷的來龍去脈，全面地理解當事人；或也可說，找原因的過程比所謂找到原因來的重要。心理師更要明瞭，因果論容易陷入單一線性——某個因導致某個果，而人生可不是那麼簡單。

不問「為什麼」

至於問「為什麼？」和只找原因有類似的問題。舉個簡單的例子：小朋友打架向老師告狀，如果老師直接問他們為什麼打架，他們多會為自己找理由，怪罪對方先動手、先挑釁云云，容易特意跳過某些有關自己犯錯的細節。老師若因很難就此釐清事實，只好兩人都處罰，學生也不見得服氣。但是，若能不先問為什麼，而是問：「你們誰告訴老師，剛剛發生了什麼事？」孩子若說不清，依照事情脈絡慢慢問：「還沒打架前你們在做什麼？後來呢？」同理、探問交錯，便有機會讓整個事情發生的經過清楚浮現，甚至讓兩人不同的主觀體會能交互核對、理解，定能有更圓滿的解決方式，讓他們心服口服的機會很大——而且真正的「原因」不也就顯現了嗎？

如同我的一位受督者說：「我突然感覺到老師好像一直在談『理解』，而這個『理解』不是一直去想個案為什麼這樣的做，而是個案他在『做什麼』或『正在做什麼』。」確實，我們詢問當事人「為什麼」不但意義不大，更常會產生反效果。

一則，當事人自己可能真的不知道「為什麼」，被問而想不出所以然。回答不出來，會徒增當事人的挫折感。尤其，如果是關於情緒的起落，引發情緒的「刺激／原因」，就更是複雜。仔細想想不是這樣嗎？我們不也常覺得某情緒出現很是莫名——怎麼突然這麼激動？不知道自己為什麼這麼做？尤其是做了有不良後果的選擇時。

二則，當事人「以為／認定」的理由或原因，通常早已想過數百遍，更可能是他主觀的藉口或過往經驗造成的偏見。讓當事人再想一次、再說一遍自以為的原因，不是反而強化他內心的那個執著點？這可能導致改變其內在想法或行為的機會更少了。

通常問「為什麼」，提問者和回應者都自然地期待有個標準答案，這容易讓當事人陷入二分法的框架中，也就難以看見事情的全貌。

而且，以「為什麼」為起始的問句，只要口氣略為急切，或當事人本身較為「敏感」，多少會帶著些質疑，甚至責備的意味。這在諮商情境中並不適宜。

如何少問「為什麼」的問句？其實，當我們不再只用單一線性的因果論來思考事情，不要習慣性的急著找原因，自然就不太會去問「為什麼」了。此外，最好從思索自己所經歷的事情練習起，不再總是先問自己：「我為什麼會生氣／難過？」「我為什麼老是拖延遲交？」有情緒時，最好是和它們在一起，經驗它們，不然一問為什麼，情緒就不見了；也不要問：「我為什麼老是拖延遲交？」——問自己為什麼拖延，腦中就會出現千百個理由，而且還是你想過很多遍的，然後拖延的習性依舊……

好好運用探問技巧中，具體化的五個「W」：那些人？（Who）什麼時候？（When）什麼地方？（Where）發生了什麼事情？（What）過程是如何？（How）。在這五「W」群組裡，原本可就排擠和封鎖「Why」，由「How」取代了喔！

10 不能為當事人做決定、給建議嗎？

為當事人做決定與提供建議的思考

《生命的禮物》第四十七篇中，亞隆說：「不要急著為病人做決定，你的決定多半不是好主意。」[12]我非常贊同。亞隆也在後面的第四十八到五十一幾篇中，詳細討論心理治療師做決定和給建議的議題。然我還想補充：有些情況，心理師不能只死守此原則，而放下自己的專業責任。

特殊的狀況，如家暴、未成年性行為、性侵害和未婚懷孕等需要通報的事宜，多需要由心理師先作出通報決定，再盡可能和當事人溝通，期盼在知後同意下去執行。

諮商目標的決定上，心理師也需要經過專業上的判斷後，引導討論。

諮商過程中，若個案一方提出結案，但心理師評估認為此時結束諮商並不恰當時，也不宜以尊重當事人、他有選擇權為由，讓當事人自行離開諮商。心理師可能需要真誠地去理解當事人對結案的想法，做更多的討論，甚至要仔細檢視雙方的諮商關係。

常遇到個案不想再進行諮商，是因為想逃避及將面對到的內在「黑洞」或壓抑已久的痛苦。當事人若是害怕想逃，那不正表示個案已經隱約看到或感受到了那些情緒嗎？這時離開諮商，當事人可能會更為痛苦，甚至認為心理師同意結案是要放棄他。

個案當然有不再繼續諮商的權利。但我在此強調與提醒的是心理師的責任。

有些時候，適時給當事人建議也是需要的。適合提出建議的時機，我認為有下列幾種狀況：

1. 有時間限制或次數限制的諮商（台灣目前學校體系、社福機構、公司提供的員工福利諮商方案等多有次數規定），在結案時，可以歸納諮商過程中的討論，並依此提出建設性的「建議」，供當事人之後參考。

例如，六次的員工專案，某個案來談工作上困境。結案時：「你提到過，幾年前弟弟離世，對你後來生涯的抉擇有關鍵性的影響。我們這幾次諮商雖然也談了一些，但因時間不夠，無法特別針對此事件好好梳理，若你想進一步處理失去他的悲傷和整理你們倆的關係，我建議，你可找時間以此主題再進行幾次諮商；或者也可以用我們在諮商中做過的書寫對話方式，和弟弟說說話，試著重看你們的關係。」

2. 當事人尚處於很混亂的時候，可以提出具體的引導，使其生活能比較快速的安定下來。

例如，因伴侶突然意外過世而來諮商的個案。第一次初步理解當事人的狀況後，結束前我說：「我知道失去他讓你很痛苦，沒有他的生活也全變了樣。我會努力的陪你一起度過……但是等會兒，走出諮商室，你要記得我們剛剛做過的呼吸練習，好好呼吸，走路、搭車都要專注在自己的行動上。這週間，若悲傷襲來，想哭就哭，想繼續原本正在做的事情，也可以幫助自己慢慢專注在呼吸上。」

3. 一些干擾當事人的問題，例如失眠、過度焦慮，已經明顯影響現實中的工作或求學，產生嚴重的心因性頭痛等等。要處理好此類議題，通常需要花費很長的時間，當事人會被這些生活中時時出現的痛苦拉垮。

此時，心理師可在初步了解當事人後，提出減緩這些問題干擾的建議，如提供失眠者能睡得好些的一些自助方式（需要先知道當事人用過哪些方法）；在諮商中練習些放鬆或「外界覺察」轉移焦慮的方法。

對已經有身心症狀者，也須評估是否提出就醫的建議。一些生理症狀，如嚴重頭痛、腹部疼痛、胸悶喘不過氣來，可能也需要建議先做生理上的檢查或醫療，有些疾病是不能耽誤治療的。

4. 當事人有很多待處理的議題，但目前面對一個具體而危急的現實問題。
例如，當事人已到了碩士班修業的最後年限，但論文初步估計無法如期完成，當事人非常慌亂不知如何是好；或當事人被公司徵詢短期內要外派到他國工作，他相當矛盾無法做出決定，但是又必須在兩週後答覆。這兩者心理師可能都先要以處理此現實問題為主。
前者，心理師可以建議當事人向學校負責的單位詢問清楚相關的規範和確切時程，或與其一起分析實際的狀況；後者，可協助其除了以自己為主軸的利弊分析之外，看看身邊有哪些人會因為他外派受到影響，建議他和這些人討論，或許較能做出決定。當然，當事人一定有很多心理議題需要談，也都影響著可能被退學或做出到國外工作的決定。但時間已無法等待處理完各項核心問題，必須先因應危機才是。

建議的方式可多元化

提供建議不一定是指導式的。我個人認為諮商中給建議最好的方式，是透過引導或和當事人一起討論後，讓當事人自己說出來。此外，心理師也可以用「自我坦露」的方式提供建議。

有次與一位小六的孩子諮商，他總是難以專心寫作業，常遲交或缺交作業。我們談了兩個多月後，諮商進入行動階段，我和個案一起討論具體改善的方案。我先引導當事人描述家中書房的樣貌，當事人說著說著，就提出一些物件容易讓其分心，他想要把這些東西都收進櫃子裡。我藉機提出一個問題：「房間中的擺設是否也可做些調整讓你更專心？」當事人思考了一會兒，提出書桌可以改成面向牆，隨時保持桌面的清爽，還可以用計時器幫助自己練習逐漸拉長專心時間……。這些通常會對注意力不足孩子提出的「建議」，由當事人自己說出來，確實實踐的可能性就高多了。

《生命的禮物》書中，亞隆提到：「有時會利用提建議，不是用來為病人做決定，而是為了搖撼某個根深柢固的想法或行為模式。」[13]

我也曾在任教的師範院校，接一位談生涯抉擇議題的個案。雖然主要談的是她非常不想擔任教職，想要利用考上教育行政高考而離開必須服務的小學教職，那就不用賠公費。可是她心中很遲疑，考慮很多。她身邊的親友都認為女孩子教書很好，她自己也不確定喜不喜歡教育行政工作。想來想去，根本無法專心準備考試，焦慮爆表。

因為，她曾在諮商中提到，她與她的家很疏離，也提到過對父母的怨懟，卻不想和我深談這部分。我找個適當的時機，建議她：「既然你自己很難下決定，是否問一問父母的意見……」於是，當事人有點激動地開始談起他的父母和家庭關係。

另在某次諮商過程中，探索當事人的一個夢。當事人發現自己的「高敏感」特質，強大到當事人很難掌控它，令她既喜歡又害怕。特別是，當事人的另三個特質——負責、焦慮及遵循他人期待，和「高敏感」特質一起運作時，就會讓自己亂成一團，而這是她平日最為困頓的狀態。例如，當事人在學校輔導室工作，和家長或導師諮詢時，「高敏感」特質能適度的讓她敏察對方和關係的狀態，可有效增進兩人的交流互動。但若「遵循他人期待」的特質也同時跑出來，當事人的「高敏感」變成只關注在對方的期待上，並習慣性地想要遵循。這樣兩人的關係不平衡，她想要溝通協調的諮詢工作也難以順利進行。

諮商工作至此，新的目標出現：當事人需要分開它們，此三個特質不能常隨著「高敏感」一起出來干擾當事人的工作。處理負責和焦慮這兩特質尚稱順利，但對如何分開敏感和期待兩特質，當事人一時之間沒有頭緒，困惑地手足無措。我理解分開這兩者相當困難，畢竟敏感的人自然容易過度敏察外在他人對自己的期待。剛好我個人有過類似的經驗，於是，我「自我坦露」，和對方分享自己曾用過某種「實驗」方法分開某兩個特質。當事人因此能夠動了起來，參考我所說的，進一步為她自己想出可以用的方式，最後達成了目的。[14]

當然，急著幫當事人作決定、給建議，一般而言絕不是個好做法。尤其，以當事人為主體的諮商學派，自然很少提出心理師主觀的建議。但幫不幫個案做決定、給不給個案建議，不會是「是或否」這樣的簡單答案。所有一切都必須依照每個個案或每次諮商的獨特狀況而定。

11 諮商中的直覺與共時性

直覺

人們的直覺感受力是很強的，它往往超越六大感官（看、聽、嗅、嚐、觸和體感）所感覺到的訊息，也比它們反應得更快速。然而直覺似乎並非從我們意識的認知能力所得。在諮商中，心理師若能適時運用有效的直覺，對接觸和理解個案將相當有助益。

但正因直覺非單純某個感官或思考所得，要召喚它出來或掌控它，並不很容易。這有點像金庸武俠小說《天龍八部》中，段譽使用「一陽指」這絕頂武功般，有時能發揮其巨大威力，但危急需要時又使不上力。因此，很多心理師並不重視直覺，也不信任自己的直覺，甚是可惜。

我相信人們都擁有直覺能力，只要專心一致，或能打開心胸，有時直覺就會如靈光乍現般出現。因此，在實際諮商工作中，心理師要相信自己當下所產生的直覺，適當的運用它。當然，若能強化我們的外界覺察、身體與情緒覺察、充實學理知識與專業經驗，並將其融會貫通成為自己的一部分，在加上厚實而整合的生命經驗，有效的直覺就能較常及時出現。

有一次，在完形取向的夢工作中，當事人用布等媒材布置出夢中的一個場景，整體用色擺放都是暖色系溫馨的風格。當我陪著當事人走動觀看這景時，我突然浮出冷冰冰的強烈感覺。我快速核對，不像是我的投射。雖然平時我都會讓當事人自己去經驗，很少說出我的感覺。但這直覺鮮明而獨特，我試著說：「不知道發生了什麼，看著這個景，我出現個特別的感覺，和你擺的場景氛圍很不一樣，我說說看給你參考，但也可能只是我自己內在的投射。」我說出這直覺感受，竟能如高層同理般，觸碰到當事人深層的情緒。

我對直覺運用的建議是：它出現時，先初步核對是否是自己的投射，若不像就相信它。但因為直覺常非邏輯推理所得，因此最好用不確定的語句（如上個例子所示範）分享給當事人。當事人若覺得並不貼近他的感受，我們就放下它。

雖然我們不需要在諮商歷程中去思考直覺是怎麼發生的，但在諮商結束後，我建議可針對剛剛出現的直覺，「試著」去理解自己之所以有這樣的直覺，可能是哪些線索和訊息所激發？探究和分析出所以然來，或找出產生直覺的脈絡。經過如此的探索，相信能夠增加直覺發生的機率。

神奇的共時性

我以榮格提出的「共時性」（synchronicity）概念，來談在諮商工作中，因某些巧妙的連結使諮商得以更順利進行的狀況。共時性指的是「在沒有因果關係的情況下出現的事件之間看似有意義的關聯。」內涵包括「有意義的巧合」和「非因果性聯繫率」。

15 我在《完形取向教學影片》的第三個個案「走出依戀做自己的守護神：完形夢工作」就有個共時性經驗。在那次諮商後段，我希望當事人進行一段自我對話，真正體會自我接納和照顧自己的感受。當事人選了一條上面都是貓頭鷹圖案的布來代表自己。很巧，我在兩天前才看到個旅遊節目，介紹日本北海道的風景和人文故事——那裡的原住民愛奴人以貓頭鷹為守護神。當我看到當事人選的布，忍不住告訴當事人貓頭鷹是愛奴人的守護神。當事人愣了一會兒，然後激動地說：「我可以保護我自己，我就是我自己的守護神。這十年來，我就是這樣在過，我怎麼不相信……」之後，當事人表示內心升起一種穩定的力量，並和那代表另個部分自己的布緊緊擁抱。

最後，當事人帶著自己（貓頭鷹圖案的布）繞行之前進行夢工作佈的景，繞著繞著，她轉身告訴我，她心裡突然冒出的一句話：「該為自己的生命負責。」讓我也為之動容。[16]

另一次，我工作到很晚才回家，打開電視隨意轉台放鬆一下。剛好看到一個談話性節目討論「紅斑性狼瘡」這個自體免疫性疾病，還邀請三位患者分享受此病症狀所苦與治療的心路歷程。我雖然累了，但覺得自己該對此病症多些認識，並了解此病對生活的干擾，也就打起精神看完此節目。沒想到，第二天下午，我工作的諮商中心來電，有位個案指定想和我諮商，其中要談的一個主軸議題是他一年前罹患「紅斑性狼瘡」所造成生活上的困境。

另一次在工作坊裡，一位當事人述說自己痛苦的生命經驗。他說：「這世界充滿尖銳的刺，我總是被刺得遍體鱗傷，真想逃離這可怕的環境，或讓自己消失……」我想讓他和這樣的世界對話，看看能否經驗到一些不同的感受。所以請他在這團體室中找樣東西代表這個帶刺的世界。他選中一個球體上有橡膠刺的瑜珈球。他帶著害怕的表情，小心翼翼地摸了摸球體上的橡膠刺。突然間，他停了下來。然後，他閉上了眼，認真仔細地撫摸著球，不斷地流下淚水。過了好一陣子，他止了淚，睜開眼望著我說：「我沒想到，其實這刺是柔軟的，它根本不可能傷我，我似乎被之前的受傷經驗蒙蔽了，以為周圍都是會傷人的刺，所以躲開人群、憤世嫉俗。原來是我自己築了帶刺的城牆，為了防人，真正困住的卻是自己。」在這麼短的時間，當事人能有這樣深刻且翻轉式的體會，實在超乎我的想像。

工作坊結束後，我感謝主辦單位準備了瑜珈球這個媒材，但他們也超驚訝地表示，課前整理團體室時，並未見到這顆大瑜珈球。雖然，有時候這場地會借給教職員上瑜珈課使用，但他們不可能讓那麼一個大球，留在我們這工作坊的場地中。那顆瑜珈球的出現該算是個神祕事件呀！

還有一次，一位已談了不少時日的當事人，因故又陷入低潮。我自以為和她諮商關係穩定，諮商也早已進入「工作期」，急著想做些什麼以拉起她。然所做的在此刻根本幫不了她，反而讓她對我感到生氣和失望。所幸，我有了些覺察，停下來核對當事人的狀況，並向她道歉。她突然要求我講個故事給她聽，我想她要考驗我，是否真的懂得她氣的是什麼。我心中有點慌亂，一時之間不知道該講什麼。在焦急中，前幾天看的電影《冰雪奇緣》浮出腦海，我就講了這個故事。故事裡，艾莎公主擁有冰封世界的特異功能，這經歷深深觸碰到當事人。而故事的結局給了當事人很大的頓悟——只要運用在適當時空，即便是可能傷人的能力，也能用來救人或幫助自己。

對我來說，這些神奇的共時性經驗和直覺很是類似。隨著生活與工作經驗的累積，這些現象發生的頻率就越來越高。讓我深信《牧羊少年奇幻之旅》書中的一句話：「而當你真心渴望某樣東西時，整個宇宙都會聯合起來幫助你完成。」[17]

12 諮商中具象化和隱喻之運用

具象化

我個人覺得把許多抽象經驗具象化，是促進當事人重新看見與理解的好方法。不論是想像一種具體形象來譬喻某種經驗，或是以現場有的各種器材、物品來代表抽象經驗，都很有力道。親眼看見，有時更可觸摸得到，和只是以語言呈現的效果，很不一樣。

在某個工作坊裡，一位當事人出來做個別工作，想探索和父母的關係。他描述道，自己在父母面前會變得很小，也感覺父母並不愛他。我引導當事人把某次和父母對話的情景呈現出來。當事人很快速地拿了四張和室椅，各用兩張疊起來代表父母，還為椅子鋪上深色的布。但對於要選擇什麼代表自己，當事人遲疑很久，最後他抽了張衛生紙並隨意地揉成一團，放在父母面前。你可想像那個意象嗎？這讓我和所有團體成員都相當震撼，連當事人自己看了都忍不住哭起來，在他心中，自己只是張皺巴巴的衛生紙……

另一次，在個別諮商時，當事人討論自己害怕離別的議題，情緒頻繁且強烈，以致有時只是和好友聚會，他都會考慮不參加，以免散會後被失落悲傷的情緒淹沒。透過探問，當事人提到最怕在月台上與人道別。我邀請他閉上眼睛想像自己在月台上。當事人清楚描述著那場景，包括月台的樣子，天快黑、路燈剛亮的黃昏時分，只有他孤伶伶的一個人……。當事人沉默了，淚水不斷落下。過了好一會兒，當事人睜開眼，告訴了我他幼年時與父親的故事。

「具象化」的另一個效果，是將抽象的想法、感受，甚至形成行動策略的構想，以想像或實體具體呈現後，就可以直接加以調整、更換、添加這些物件或場景。透過物理上的移動、修改，有機會同時將心裡的這些感受重新整理與轉化。

例如，一位中年婦女期盼自己能有新的生活，將來是位優雅的老人，但她很沒有信心，也對未來充滿不安。我邀請她分別選擇現在的自己和未來自己的代表物——光是這已經給當事人一種希望感，至少在此時此刻，她可以找到理想未來自己的具體樣貌。然後，把兩者擺放在不同的位置，而這中間距離就是兩者之間的二十年歲月。當事人需要把生活中的助力、內外在資源或可能有的阻力，分別找出代表物放在那段路徑上。再請當事人慢慢地實際地走這段人生路，她可以搬移、變換、調整這路上的各項資源和障礙物……

通常，心理師也可以利用自己腦海中形成的具體意象來幫助當事人。如同理當事人的狀況像是：小小個子的孩子邊哭邊拉著頭也不回的父親衣角。

隱喻的應用

隱喻是「一種以兩物之間的相似性來作間接暗示的比喻的修辭法。相對於明喻而言。隱喻可使讀者發揮想像力。如徐志摩〈偶然〉中『我是天空裡的一片雲，偶爾投影在你的波心。』將自己當作是飄忽不定的雲，藉以比喻人事的偶然與不經意。」[18]

如《娃娃看天下》漫畫中的一幕：「小男孩菲利普被老師叫到黑板前解題，沒自信的他走向黑板的路上，身影越來越小；解題後，老師說他答對了，他從黑板走回座位的路上，身影越來越大。」

因此，隱喻和具象化有異曲同工之效，且可以交互使用。

我的諮商工作經驗，很多當事人也會用隱喻的方式描述自己的狀態。若心理師覺得此隱喻可以更鮮明具體，即可試著將其隱喻具象化。

我個人運用隱喻，多在同理的時候。「你像被關入地牢，並看著牢門鑰匙被丟進河裡。」「你太怕受傷了，所以築起很高、很厚的牆來保護自己。」

必須提醒，隱喻是間接的、暗示性的比喻，且是主觀和具創意的。若當事人用隱喻來呈現自己的狀態，心理師一定不能想當然爾地自認為理解當事人的隱喻，更不能陷入當事人過於抽象的隱喻中打轉。

例如，某位當事人比喻自己像是一灘爛泥。心理師花太多力氣在探問這灘爛泥的狀態，當事人都在回應那是怎樣的一灘爛泥，反而讓當事人本身真實樣貌更抽象。雖然對一灘爛泥的樣子多問一些，多少也能得知些當事人對自己的看法，但實在是繞了遠路。

有的心理師則太快用自己的經驗，甚至是投射去理解隱喻的內涵，如認為一灘爛泥是比喻當事人攤在那裡，什麼事都不想做的狀況，而去探究當事人的生活動機等相關議題。當事人真的是如此比喻嗎？說不定不是。雖然，走岔了路再走回來也是無妨，只是，可惜了當事人這麼特別的隱喻。

我通常都會很快地去澄清，當事人以此隱喻想要表達的是什麼？（記得不能問為什麼喔！）弄懂了才能體會當事人的心情和主觀的自我認定，較快速地找到諮商工作的方向。

在諮商的過程，可以善用當事人的隱喻工作。對我來說，最經典的經驗是我在《當下，與你真誠相遇》書中舉的例子。當事人在諮商的初期，形容自己的心就如「一座淤積已久而發臭、生蟲的水塔」。我後來都利用這具體的意象，輔助我們進行諮商，譬如，處理他的未完成事件，就像在清理水塔的過程；運用找到水塔的水源，以強化其自我力量，使他能自我照顧與支持。19

恰當的運用具象化和隱喻的方式，不但能提升諮商工作的效能，更能讓諮商工作充滿創意和獨特性。

13 形成行動策略並在生活中實踐

我一直認為，完整的諮商不是在個案做出了新的決定、有很不錯的行動計劃後就能結束的，必須進一步陪伴當事人，讓他在其生活中確實實踐自己的覺察、領悟與新選擇。

特別是在我們這個重視關係的社會裡，實踐有其困難。在我們的文化中，人與人的關係較緊密，尤其是家人之間。因此當事人的改變與實踐，常因身邊的親密他人不習慣而受到阻饒，旁人甚至可能批判當事人變得自私，使得當事人感到很挫折。

在現實生活中實踐新的行動策略，至少需要擁有基本的環境條件。當現實環境和實踐這個「頓悟」的環境條件差距越大，實踐的難度越高，也需要越久的時間。

我們常常想確實執行我們的選擇與決定，改進某種生活狀態或養成好習慣，以真正改善當下生活困境。但原有的模式已經運作很久，行之多年，改變是相當不容易的。這段調適的時間，心理師的陪伴是很有幫助的。當然每次諮商間的間距時間可以拉長，如改為兩週或一個月一次。

有些當事人很努力地去實踐自己規劃的行動策略，如早早起床而準時到學校上課，但偶爾做不到時，容易對自己很不滿意；多幾次的挫敗，就容易降低改變的動力，甚至放棄計畫。

而年紀較小的個案、各種戒癮的個案，更需要注意他們在生活中真正改變的狀況。小孩子腦中的資料庫，本就缺少解決問題和滿足需求的各種適宜方式，尤其成長歷程沒得到適當教養和正向生活經驗的孩子。有時，甚至必須提供他們相關的「教導」。當然這部分也可由系統合作中其他專業共同協助。

此外，早年創傷或痛苦的經歷，其中的情緒記憶是不可能消失的。在當事人復原的歷程中，心理師最好要陪伴他經歷，在某些與過往痛苦經歷相近的刺激出現，而引發創傷當時的強烈情緒時，協助當事人分辨清楚這是怎麼回事，才不會讓當事人再次墜落谷底，或誤以為自己沒有進展，挫敗而放棄。

當然，有些當事人有能力獨自面對這個實踐歷程，或當事人原先不利的環境已不存在，或環境及關係人已隨著當事人的改變而也有些不同時，當事人在得到新的領悟後，諮商即可結束。

諮商的行動階段

諮商的行動階段我認為可以包含以下五個部分，依每位當事人的狀況進行其一二：

1. 當事人用新的眼光去看世界，以新的觀點去理解自己與外在環境後，心理師必須與當事人討論，新的生活方式與過去的實際差異有哪些，藉此協助當事人轉化頓悟為清晰、具體和新的因應方式或行為模式，或重新做出選擇。
2. 當事人在生活中嘗試新的做法與進入新的選擇時，心理師提供足夠的支持，讓當事人有力量面對因改變而產生的新挑戰。
3. 有些當事人需要進一步詳列可執行的行動計畫，並考量在生活中施行時可能遇到的挫折和挑戰。心理師要與當事人一起討論。
4. 幫助當事人接受自己和環境中既有的限制，學習如何因應之。
5. 心理師可以協助當事人強化對其內在能量的掌握與運用，並整合內在與外在的資源。

然而，現實面上，由於時間與資源的有限，心理師往往無法陪伴當事人走到最後在生活中實踐的階段。這時，我通常會在諮商最後結束前，花一小段時間討論當事人實踐新選擇或行為方式，可能遇到的挑戰、困難和挫折。甚至，依照對當事人處境的了解，提出些適宜的因應方式，供當事人做好準備。

真正能在生活中，順利實踐諮商所領會到需要調整的部分，才能算是具有成效的諮商。

14 諮商工作的間隔與紀錄

每個諮商工作需要間隔時間

亞隆的《生命的禮物》書中第三部談到治療的祕訣：

> 把治療看成連續的會談來進行，每次會談都要寫筆記，在兩位病人之間為自己留點時間……20

我是個步調較慢的心理師，因此，總需要在兩個諮商工作間，間隔三十分鐘或至少二十分鐘。這小段時間，我用來簡單整理剛接完的個案紀錄，休息一會兒調節自己的心境，回顧下個個案的紀錄，才開始接續的工作。我觀察到，現今有些心理師，可能因機構的時間安排，連續接三個或更多個案，接案間並沒有留下空檔時間。讓我覺得有些不可思議，這樣心理師也太辛苦了。

諮商紀錄

我個人習慣在諮商或督導結束時，除了留在機構中的正式記錄外，一定也要做一份或長或短的私人諮商筆記，數十年都如此。

尤其，現今當事人本身或特殊狀況下的相關機構，如法院，可依法請求索取諮商紀錄（這部分當然要審慎處理，也不能直接提供原始紀錄），正式紀錄必須寫得精簡，更不適合寫上心理師個人的主觀想法。我個人感到，這樣簡要的紀錄對諮商工作的連續性是不足的。

另外，我認為在諮商中對當事人還有未釐清的疑惑，屬於推論、猜測的那些內容，或是我個人聯想或擔憂還在考量的情事，或是我個人工作上對需要改進部分的檢討，更是不該記載於正式紀錄中。但這些又非常值得記錄下來，必然需要有另外的諮商、督導筆記。

即使是寫自己的私人筆記，對於當事人狀態方面的紀錄，和心理師自己的心情與檢討內容，不只必須分開寫，更要有意識的區分兩者的不同。不然，很容易將自己主觀的感受、想法，混淆到真實諮商中個案所述說的內容之中。

我在督導時，通常也會釐清心理師對個案所做的敘述，是個案自己說的、轉介者或家長或其他專業人員提供的、還是心理師自己歸納整理過的。有時對描述當事人的用詞，我也要確知是由誰口中所述。如說：個案都用「忍」來因應、個案很「固執」、個案具「高敏感特質」，這些是個案自述的用詞或心理師研判的用語，差別很大。因此，諮商紀錄或筆記對一些核心特性或關鍵事件的詞語之出處，也要註明清楚。

我知道做紀錄常是很多心理師最大的壓力，然這樣的個人筆記對我而言，實在助益很大。同時，這樣的筆記也能幫助我暫時「放下」個案。

諮商紀錄如何書寫

每位心理師都有自己寫諮商紀錄的方式，適合自己的需要最重要。不過，我想分享年輕時被訓練寫紀錄的妙方法。

記得三十歲開始，有好多年的時間在「現代潛能開發中心」接社區案。當時，總督導柯永河老師要求我們，紀錄一定要以諮商歷程的時間順序一一摘錄，且只能寫十點，包括諮商開始對個案的初步觀察，和最後一或兩點寫心理師之自我省察或下次諮商的規劃。

依照時間順序的紀錄法，對我真是很好的訓練。讓我必須對諮商的前後順序脈絡清晰回顧，並依序紀錄下來。如此，我更能掌握在諮商過程中，先說了什麼，之後才說什麼，不僅當事人的述說如此，心理師的介入更是。順序對了，才比較能真正地檢討自己需要改進或調整的部分。因為某個時間點心理師這樣問或回應很有效，但若換個時間說，可能就不恰當了。

我記得有幾次我精神狀況不佳，或是事前有些個人尚未消化的情緒帶進諮商，在事後作筆記時，會有部分失憶的狀態。這如棒喝般的提醒，使我之後總督促自己一定準備夠好才能進入諮商。

長期如此訓練和自我要求，即使很多年後，再次來諮商的個案，在諮商過程中提到前階段諮商的情形，我就能立刻在腦中浮現鮮明的記憶。甚至很快地聯想到他現在所說的和過往的連結。而面對現在的他，似乎也更能有全面脈絡性的理解。通常我適時提到之前的片段，當事人都很開心，覺得我竟然記得，我們的諮商關係能很快地恢復到之前信任的狀態。

也許，這不必然和我如此紀錄有真正的關係，但我想，當時為寫紀錄而在腦中多次回顧的諮商歷程，必然加深了記憶的印記。

諮商到底是個連續的歷程。當我習慣了這樣寫記錄，每次諮商前，也都會回顧公、私紀錄一遍。如此對於將間隔一週或兩週，甚至更久的諮商連貫起來，很有助益。

15 諮商工作中的系統合作

近年來，台灣心理諮商的服務對象已經相當多元化。除了私人的社區諮商所，各級學校、社福機構（含家暴性侵、弱勢家庭、身心障礙、老年等）、法院獄政、軍警單位、醫院、各類戒斷中心，也都有心理師的設置。參與這些機構工作的心理師，都需要理解服務單位的特殊性質和需求，和機構中的工作夥伴適度的溝通彼此對人事物不同的觀點，並和其他相關的專業人員協同合作，才能對當事人提供完整的服務。

我只以我較熟悉的國中小學校專兼任心理師為例，說明系統合作的工作重點。

中小學諮商工作的系統合作

目前我們國中小之學校心理師多隸屬教育處／局的學生輔導諮商中心，承接學校轉介之三級輔導個案，非為某個學校之所屬成員。所接個案必然不是完全單打獨鬥，需要和學校輔導相關人員共同合作進行。因此，先要根據每個學生的狀況，考量這個「協同小組」中，需要那些一起合作進行的成員。小組成員最好能共同討論出一致的工作方向，但各自分工負責不同的重點任務，甚至確立補位的機制。有時有些成員時間不可能配合，就須改為必要時向其諮詢的方式，如醫師。若其中有些專業人員與團隊觀點不一，且短時間內難以協調，或在當下此人可能反而成了負向角色，如導師無法接納此個案。可能導師要成為諮詢或晤談的對象之一，而非協同小組中的一員。

而中小學的在學學生，都是未成年者，因此家長仍是學生的監護人。我個人認為，家長基本上不須列為協同小組的成員，但他們的角色位置很是重要，畢竟連孩子接受諮商都需要監護人簽同意書。個案年齡越小，父母越常必須提供其親職諮詢，甚至需要為他們轉介其他心理師或社福機構進行諮商。

不過，以我的經驗，在與父母約談前，最好先與學生個案諮商幾次，以個案本身的狀態理解他。不然，一方面你提供不了父母更深一層對孩子狀態的資訊，給不了好的親職建議；另方面先聽了父母的觀點，我們容易有先入為主的認知，反而增加理解孩子的困難度。

其次，對整個系統而言，如學校，很多人都可能對個案有影響，或因各種理由擔心個案的狀況，這些都可能有助或干擾諮商工作的進行。如校長、科任老師、同學，甚至同學的家長。必要時，均須適時理性而有效的溝通，使他們的助力能實際作用，更重要的是避免不必要的干擾。這部分，可與協同小組成員協調分工進行。

我遇過最慘痛的經驗是，某次，我到一所國小協助諮商一位小二的男孩。諮商數次後，我研判必須邀請父親來談。父親一直以工作很忙為由，多次拒絕我的邀約。經過我在電話中耐心、誠懇的說明，終於讓他願意來校面談。當天我特別到校門口迎接他，見面時他態度滿客氣的，還表達自己孩子讓學校費心的歉意。沒想到，在快到輔導室前，碰到個案的一位科任老師，他熱情的和我打招呼：「你又來幫忙輔導＊＊啦！」我心一涼，同時能感到身邊的家長掩蓋不住的怒火。那次好不容易約到的晤談，變成只能安撫家長……

曾經有個受督者告訴我，他工作上功虧一簣的經驗。他輔導一位中輟生，費盡功夫終於讓他願意回到學校，並先在輔導室進行補救教學，準備入班。學生開始幾天，不但準時到校，還很認真的學習落後很久的功課。有一天學生在輔導室寫作業，一位以前教過他的老師進來，看到這學生，很驚訝的說：「太陽打西邊出來了，你會回學校，還在寫功課呀！」也許老師沒有任何惡意，只是開個玩笑。但敏感的學生很是難過，後來就不願意再到校了。

此外，在輔導的過程，孩子們的進步和改變並非一蹴而成。如何提供專業的說明和解釋，適時提醒系統看見個案的小進步，也是必要的工作。甚至必須接納和安撫相關人員的焦慮；另外，有些個案的主要諮商議題減輕或消除了，但其新的行為方式，並非系統內所預期的，也要能給出他人可接受的理由。例如，會遺尿在褲子的小四學生，諮商協助當事人降低其過度順服的壓抑狀態，以及高焦慮的情緒，使原始遺尿問題不再出現。但當事人可能不再那麼退縮乖巧，系統反而不適應學生新的行為表現，而忽略原有問題已解決的進展。

與系統合作的核心態度

從另一個角度去看，在系統工作的心理師也要有心理準備，必須拉起彈性良好的自我界限，不必過於承擔系統的焦慮和不安。必要時，和校內相關人員的合作，也可由學校輔導室來做為對話窗口。

在系統中工作，還需要特別注意三件事：

1. 清楚自己在此系統中的角色和定位，了解和尊重系統原有的運作模式和氛圍。保持願意分工合作的精神，同時擁有不卑不亢的開放態度——不過度強調和凸顯本身的專業，但也帶有足夠的專業信心。

2. 承認自己的限制，多與其他專業人員和經驗豐富的同儕討論。

3. 在協同合作的狀態下各司其職，千萬不要相互比較和競爭。

我們這重視人際關係和諧的文化，在系統內工作是門很大的學問。尤其，一般心理師的專業訓練中較缺乏這部分，必要謹慎行事，才能在各個系統內充分發揮我們的專業能力。

16 諮商中幾種典型狀況的因應

遇上特別喜歡或不喜歡的個案

心理師對於人，自然也是有自己主觀喜愛與否的情形。遇見我們欣賞的當事人，不見得對諮商關係或諮商效能有正向的助力。以我個人經驗，遇到很喜歡的個案，有時容易對其有較多的心疼和憐惜，而無法適時運用挑戰性的諮商技術，反而減低諮商的效用。

心理師也會特別不知如何和某一類人互動，或不喜歡具有某種特質的個案，甚至是害怕某些個案。在督導中我常發現，心理師自覺做得不順的個案，常都屬於同一類型的呢。而一般人對強勢、咄咄逼人、有掌控及主導全局特質者都有些「害怕」，心理師也可能如此。

心理助人工作者更需要敏察自己，是否對某類人有先入為主的偏差印象，或個人過往與某人相處不愉快經驗投射到個案身上。先覺察才能減低我們的偏見，不致干擾諮商關係和效能。

若感覺到對某個個案有些喜歡或不舒服的情緒，我個人的處理方式是，首要先能承認與面對。並盡快找督導或同儕討論，以探索自己在此個案身上投射了些自己的什麼感受。進一步，試著將我個人的感受和個案這個人加以區辨，這是個非常重要的自我檢視歷程。

說不停的當事人

有些當事人天馬行空且很混亂地說個不停，很難打斷他，常讓心理諮商無法順利進行，也讓心理師感到相當困擾。這現象通常發生在諮商開始的前幾次。我通常先依據觀察所得，給予簡單同理：有的當事人是急切地想把自己的狀況全部告訴心理師，期盼快速改變自己的困境；或者個案以說個不停的行為，顯現其過度的焦慮感；有些個案確實因情緒高漲而內在相當混亂，說得既快又亂；當然，少部分個案是其本身個性急或說話速度特別快。但也有少數個案，是因自我中心，在與人互動中，很少注意到他人而自顧自的說個不停，面對這種個案，就不必對此狀況加以同理。

接著，我會分享我的感覺，或是反應我的困難。例如，「我也想要很快地了解你，和你一起減輕你的困擾。但你一下子說得太多，我反而對你的情形有些困惑，讓我先澄清一些細節好嗎？」「你說得很快、很多，讓我有點聽不清楚你的狀況，我也有點著急呢！」「我有點擔心你的狀態，聽起來你處在很混亂的情況，我想我們可能要放慢腳步。」

然後，我會主動提出探問或引導，讓當事人能比較有層次的一一述說。過程中，可能需要多次重覆這三個步驟。

經常轉移話題的當事人

心理師發現當事人有常轉移話題的現象，需要及時處理。大部分當事人會轉移話題，多是不想，甚或害怕面對正要討論的議題。因此，心理師要勇敢地反應當事人這狀態，用同理加上面質反應是最好的方式。若感覺諮商關係也可能是當事人轉移話題的因素，即當事人覺得對心理師的信任度不夠，或覺得諮商關係的不夠安全，而不願面對主要議題談，則須適時運用「立即性」來討論諮商關係。

少部分轉移話題，是由於當事人和人溝通的習慣，就如有些說不停的當事人般，是因其較為自我，這需要在諮商過程中，適當地陪當事人一起去探索和面對。

不說話的當事人

在諮商剛開始的幾次，當事人不太說話是常見的，尤其是非自願個案。心理師需要有耐心地慢慢打開當事人的心防，讓他願意述說自己的狀況。

其實，我們也需要思考：在諮商中是否太依賴當事人的口語訊息？當事人不想開口說話，心理師就緊張起來，急著探問，或表現出焦慮，反而造成惡性循環，使當事人更不想或不敢說話了。

當事人雖然不說話，心理師還是可以耐心地去觀察非語言的細微訊息。包括臉部表情、眼神、身體姿勢、副語言等等。試著把我們看到的這類訊息，在適當的時機如實反應給當事人；有時也可適時真誠反應出心理師此時此刻的感受；若能體會當事人的感受，則同理他沒說出或不想說的情緒。

基於事先得到的資料，對有些非自願個案，可以摘要適宜的內容和當事人核對，並同理他現在不想說的心情。如：「我看了你的轉介單和資料表，上面提到……但我想你才是最了解真實狀況的人，我比較想聽你說，或你可以告訴我，這上面寫得有什麼與事實不符？」

我曾經陪伴一位因被記三支大過而轉介來的學生（早期三支大過會「留校察看」觀察一段時間，再決定是否退學或開除學籍），他前六次諮商時段都保持沉默。我也很少說話，只專注地陪在他旁邊，適時交錯運用上述幾種方法。直到第七次他才開口和我說話，終得真正開始進行諮商。事實上，這個案讓我較吃力的，不是他的沉默不語，而是個案不願坐椅子，只想坐在諮商室的地上，我也只好坐在地上陪他，一坐至少五十分鐘。所幸當時我尚年輕，現在可完全沒辦法了。

常用不負責任的語言形式說話

完形諮商理論中，認為當事人所使用的語言形式很重要。有些語言的表達方式，不但會降低自我覺察的能力，還讓人逃避了自己的責任。

常見的幾種不負責任的語言形式如下：

1. 用統稱或第三人稱代替第一人稱「我」來說話，讓自我消失在他人的煙霧彈之下。如「『大家』都覺得這樣很不該、很不對……」「『人們』總是配合別人委屈自己，很是可悲……」「『很多人』都不知道為什麼要進入婚姻……」其實，

「大家」、「人們」、「很多人」都是「我」的替代詞。

通常遇到此情形，可視情況直接請他改成以第一人稱「我」，把同樣的話再說一遍。

2. 用疑問句提問，以掩飾自己真正的感受和需要。如當事人問：「你覺得我的問題很嚴重嗎？為什麼談這麼多次都沒有改善？」「你會在平時想到我嗎？」「為什麼大家要欺負我？乖巧順從，這有錯嗎？」心理師其實不必依照這字面的疑問回答，可以先體會或和當事人討論他內在真正的感受和需求。

3. 直接以「我不能」、「我不會」、「我沒辦法」或是「我就是這樣……」逃避自己的責任。這時也可以請當事人替換句首為「我不想」、「我不要」、「我選擇」等，其他原句複述。例如：「我沒辦法拉下臉向對方道歉。」請他試著改說：「我選擇不向對方道歉。」

4. 「我知道……，但是……」的句法，是以所述「但是……」的理由，逃掉需要調整改變，卻無法實踐所要負的責任。「我知道必須早點睡，才不會早上起不來，但是補習回家已經很晚，我還有好多必須做的事，沒辦法早睡。」我會刻意核對當事人是否真的知道必須準時起床這件事？用面質技術反應也行。然後討論如何改善回家後的時間安排。也就是「我知道……，但是……」前後兩件事都是當事人想要的，該是說「我期待早點睡，同時我也想在睡前想做很多事。」如此就成了雙趨需求。那要去承認我有兩個有些衝突的需求，試著去找到雙贏的方式，而非以「但是」這轉折語變成逃避的藉口，那兩個需求都將落空。

當事人「挑戰」心理師時

有時，當事人會向心理師「挑戰」——「你根本沒能了解我。」「諮商似乎沒有用，我還是一樣糟！」「你真的能幫助我嗎？」「你總是皺眉，好像怪我不努力，我很認真了呀！」「之前那位心理師都……，你為什麼不行？」

有時當事人還會以心理師的個人資歷提出質疑——「你有處理過像我這樣的問題嗎？」「你這麼年輕，怎麼會了解我們中年人的心情？」「你沒結婚吧！沒結婚你怎麼會處理我和先生的關係問題？」「你自己沒小孩不會懂得啦！」

有些心理師會很快去澄清、解釋，以我個人的經驗，這方式並非很有效用。且容易成為一種防衛，像在為自己辯解而非因應當事人的疑問和擔憂。

有些心理師因此被「打倒」了，覺得當事人認為心理師能力不佳、不夠好，對自己失去信心。

其實，當事人提出這些質疑，大部分都在反應他們心中的焦慮，更是對他們自己的不信任。擔心自己的困境解決不了要一直受苦、害怕自己不能得到夠好的協助、著急改變的緩慢，或掙扎於不想經歷過程中的情緒翻攪。對有些當事人來說，這就是他們的生存法則，相信強勢、先下手為強的質疑他人才不會被欺負，更可以把責任推出去。

諮商初期，面對當事人的質疑，先澄清當事人的問題後，可以同理的方式簡要說明自己的專業條件，讓當事人安心。「我還不是一個母親，確實沒有親身的體驗，我想你當然會擔心我能否了解你。不過，我在親職問題方面受過相當的訓練，之前也處理過不少這類的問題，我會很努力的來理解你、幫助你，如果你真的覺得有些地方，我沒能體會到你的心情，你可以告訴我，我會再學習和調整。我們先試試一起看看你的困難，若真的幫不了你，我也會讓你知道，再看有沒有其他更適合的人能幫你，這樣如何？」

而在諮商關係已夠穩定時，也能體會到當事人內心的焦慮或不安，可直接用高層同理反應。之後，通常這份質疑和挑戰心理師的議題，會是新的諮商方向呢！

當然，可能確實當事人因各種因素對心理師有所不滿。若是能覺察到真是心理師自己有所失誤，誠心道歉修正是必要的。

心理師也是人，面對當事人的挑戰和質疑，當然會感覺不舒服或受到威脅。此時，升起想爭勝或防衛的心情，也是很自然和正常的。因此，我們必須仔細覺察自己被挑戰時的情緒變化，並能自我接納和安撫，同時，試著分辨當事人如此作為的內在動機，審慎地做出適當的回應。

不能忽略當事人的生理症狀

有些人的困境會以身體症狀呈現，例如，胸悶、頭痛、腸胃問題、各種疼痛等等，此時，心理師要先探問其生理症狀相關的訊息——症狀出現的時間、發生的頻率、症狀展現的程度，以及之前是否曾做過檢查和就醫治療等等。雖然身心交互影響非常大，很多生理症狀確實是心理因素所致，但我還是認為個案的生理症狀，宜先經過專科醫師的檢查評估，排除可能的生理因素。我曾在督導中遇過，受督者的九年級女性個案，她拒學的主述原因是體重不斷增加，而不願面對同學，怕被同學嘲笑。後來她因其他因素就醫，才發現她得了一種罕見的內分泌失調症導致肥胖，此時，心理師因應的方式自然要有所不同。

既然身心是相互影響，心理因素引發的生理症狀，像是心因性的腸躁症、壓力焦慮過高的胃潰瘍，也會讓身體受到損傷，因此，身心治療雙管齊下，才能真正見效。

反之亦然，生理的疾病在生活上造成的各種影響，也容易讓人產生心理困境。尤其是年輕的孩子們，必須同時關心其生理和心理狀態。罹患罕見疾病，甚至父母和直接照顧的家人，都需要心理關懷。即使是一般疾病，有時也可能影響當事人學校生活適應，宜多加注意。

而有些生理症狀的探問，也是評估當事人心理議題狀況是否需要就醫的重要依據，如睡眠與飲食狀況。

身體接觸宜謹慎

我雖同意亞隆在《生命的禮物》第六十三篇〈不要害怕碰觸病人〉所論：「我認為在每次會談中碰觸病人是必要的。通常在治療結束，陪著病人走到門口時，我會和病人握手或是拍拍肩膀。」「有位寡婦，她絕望到常常痛苦地說不出話來，卻僅僅因為我握住她的手而深得安慰。之後她說那是治療的轉折點，使她得以站穩，讓她感覺到與我的連結。她說，我的手是安定的力量，使她不致於一直陷在絕望之中。」[21]

但我仍要提醒，這議題有文化上的差異，和當事人身體的接觸要相當謹慎，並考量我們文化中的相關禁忌。

通常男性心理師面對異性個案要特別注意。我通常會考量當時狀況身體接觸的必要性，然後先徵求當事人的同意。例如，當事人太弱時，如亞隆所述的那位寡婦，我也會以適宜的身體接觸，給予當事人力量。我最常做的是用手去支撐當事人的背，或握住當事人的手，讓他們感到溫暖和支持的力道。

諮商中的稱呼

我感覺在台灣社會個案仍多習慣稱心理助人工作者為老師，特別是在一般的學校機構中。這幾年才慢慢開始以「心理師」稱之。其實，心理師希望當事人在諮商中如何稱呼自己，或是當事人本身想要如何被稱呼，都是可以討論的。

若有當事人直接叫心理師的名字，則需要將此當成一個訊息，了解當事人是否對諮商關係有不同的期待，或是當事人在人際相處上，比較不依循或不了解約定成俗的互動模式。尤其是諮商中途，當事人改變了對心理師的稱呼，則需要注意並討論之。

諮商室外的相遇

世界很小，若在諮商外的場合，心理師和當事人參加共同的活動，心理師要謹慎處理。尤其是屬於心理層面的活動，如一般提供社會大眾的諮商或心理治療工作坊。有時心理師事前不知，在現場若評估此活動真的不宜共同參加，心理師可能要選擇犧牲自己的參與。

【註釋】

1 Sperry, L. & Sperry, J.(2012). *Case conceptualization: Mastering this competency with ease and confidence*. Routledge/Taylor & Francis Group.

2 引自賀孝銘、吳秀碧、張德榮、林清文、林杏足（2001），〈諮商員「個案概念化」之能力結構與評量表之編製研究〉，《彰化師大輔導學報，2001》，頁 193-230。

3 羅哲斯（1990），《成為一個人》，頁 333-334。

4 摘自黃柏威（2021），《他的家庭你的傷痕：心理師陪你為自己的心找一個家》，頁 165-166。

5 羅哲斯（1990），《成為一個人》，頁 334。

6 亞隆（2021），《生命的禮物》，頁79。
7 曹中瑋（2019），《心理諮商運用：曹中瑋老師完形取向教學影片》（DVD四片），旭立文教基金會。
8 王溢嘉（2015），《與老子笑弈人生這盤棋》，頁223-224
9 佩瑪·丘卓（2020），《不順意的日子，順心過》，頁102-103，心靈工坊。
10 曹中瑋（2019），《心理諮商運用：曹中瑋老師完形取向教學影片》（DVD四片），旭立文教基金會。
11 曹中瑋（2019），《心理諮商運用：曹中瑋老師完形取向教學影片》（DVD四片），旭立文教基金會。
12 亞隆（2021），《生命的禮物》，頁215。
13 亞隆（2021），《生命的禮物》，頁224。
14 此過程可詳見曹中瑋（2019），《心理諮商運用：曹中瑋老師完形取向教學影片》（DVD四片）其中第四部：〈失控的心靈藍洞：從夢走向自我整合〉。
15 約瑟夫·坎伯瑞（Cambray, J., 2012），《共時性：自然與心靈合一的宇宙》（魏宏晉等譯），頁28，心靈工坊。
16 曹中瑋（2019），《心理諮商運用：曹中瑋老師完形取向教學影片》（DVD四片）。
17 保羅·科賀爾（Paul Coelho, 1988/1997），《牧羊少年奇幻之旅》（周惠玲譯），頁24，時報文化。
18 出自教育部編制《國語辭典》。
19 曹中瑋（2009），《當下，與你真誠相遇》，頁27-31；頁276-277。
20 亞隆（2021），《生命的禮物》，頁233。
21 亞隆（2021），《生命的禮物》，頁265-269。

第5章

諮商中情緒的處遇

情緒在諮商工作中可說是核心中的核心。大部分進入諮商的個案，其最大的原由都是被痛苦情緒所困，不論他們是正在經歷著情緒，或已壓抑、隔絕到心底。心理助人工作者只有真正理解情緒的變化多端、千迴百轉，才可能以「懂得」的方式好好陪伴個案，共同面對這些內心深處的複雜情緒感受。

然而，在不同的社會文化中，引發情緒的刺激、對情緒刺激的解讀、情緒的非語言反應方式、情緒的表達，以及情緒出現的因應行為，都會有很大的差異。若我們只運用西方情緒心理研究中所探討的情緒狀態來工作，實在是大大的不足。

同時，我們社會基本上對情緒存在很深的誤解，多數人更不願意真切地理解與感受自己的情緒，部分心理助人工作者可能也是這樣。因此，本章先介紹情緒的基本概念和情緒的變異與扭曲狀態，進而對我們文化中較為獨特的四對情緒和自責情緒加以討論，最後試著談談處理情緒的原則。

1 情緒的基本概念

情緒的運作很是複雜，牽涉的面向也很廣。

先從我為情緒下的定義討論起：「由內、外在刺激所引發的一種主觀的激動狀態。」

情緒必然由身體內在刺激如飢餓、疲勞、內分泌問題，以及外在各式刺激所引發，只是我們不一定找得到確切的刺激事件。

情緒啟動後，情緒的生理機制必然立即跟著反應，譬如交感神經系統作用的心跳加速、呼吸急促等，不論我們是否在意識面覺察到此情緒，或是否將情緒表現出來，從生理的角度看，它一定是種「激動」狀態。

而何事會引發我們的情緒，我們又會感受到哪種情緒，就都是非常獨特和主觀的。

情緒的特性與功能

情緒是由主觀感受、生理反應、認知評估、表達行為四種成份交互作用而成。情緒是很「當下」的，基本上引發情緒的刺激消失，情緒就會過去。這時生理上副交感神經也會自動啟動，以平衡交感神經所引發的激動狀態。只是，人類大腦皮質區很大，認知記憶能力高，因而很容易因各種線索提取記憶，讓我們過往、彼時的情緒經驗再現——但這情緒仍是此時此刻的，可能和事件當時的情緒不見得相同，看憶起什麼部分。此外，一些強烈痛苦的情緒，極易轉換為持久的內在動機，譬如所謂君子報仇，十年不晚，之前受到的傷害、屈辱慢慢成為復仇動機，並付諸行動。我們已不能說復仇行為是情緒引發的反應行為，那已經是一種動機性行為。

引發人類情緒最大宗的刺激，就是我們內、外在的需求，以及期待的受阻或滿足。需求跟情緒關係非常密切，甚至可說是一體的兩面。當我們需求被滿足時，會感到非常愉悅、滿足、有成就感；但需求沒被滿足時，則產生很多不愉快的情緒。因此，心理師可從情緒切入，去深究進而找到個案的需求，因為各種需求如果經常無法被滿足，減少痛苦的方式就是壓抑需求，假以時日，個案已難體會自己真正的需求是什麼了。反過來，心理師當然也可從個案的需求，去深究被個案隔絕的情緒是什麼。

情緒最大的功能，是要告訴我們內、外所發生的事情已對自己造成影響。不愉快的情緒更代表這件事情可能有害於我們，是危險、有威脅性的，需要避免、逃走或去應戰、打鬥，以保護自己。愉悅的情緒則表示，這事情是我們喜歡的、適合我們的，甚至可以滋養我們，如果有機會，要促使它再度發生。因此，情緒是我們生存上重要的保命機制，若刻意忽略情緒訊息，它就會更用力呼叫，也就是說，情緒會變得更強，形成惡性循環。

整體來說，不愉快的情緒雖讓我們很不舒服，但真正造成我們痛苦的，是那些威脅或傷害我們的外在人和事。要讓情緒消退，其實是要去因應那些人或處理那些事情的，就像新冠肺炎疫情引發我們很多情緒，只有學習如何好好因應疫情，被疫情引發的負面情緒才可能逐漸減低。

所以，健康看待情緒的方式，就是覺察它的出現，然後接納它、理解它，並讓它有適當的出口。有關情緒的複雜性、變異、扭曲或誇大，則在後續幾篇中討論。

我的情緒不等於「我」

情緒本身和情緒表達，不論在強度和方式上都是可以區分開來的。如「臉紅脖子粗地大聲說話」是常見生氣情緒的一種表達方式，但有些人生氣時，外表上可能看不太出來呢！情緒強度亦然，例如車子被擦撞，有些人氣得叫罵、拿棍子打人，有人只是不高興地要求對方賠償或請警察處理。在諮商中，僅依照個案表達於外的情緒狀態，判斷其內在情緒之強度和種類，並不恰當。

我們需要學習控制的是情緒的表達，不符社會期待的表達方式確實是需要被調整的。但是當內在升起情緒時，不管如何都要先接受、面對和承認，然後才能理解和處理，找到適當的表達方式，而後情緒才能退去。

情緒之所以常主導和控制我們的行為，主要是因為情緒是大腦所設置的保命機制。既要保命，情緒腦必須獨立作業，且運作速度較快，力道較強，可直接對身體下達命令，以完成使命。最明顯的例子，就是情緒直接作用於交感神經系統中的腎上腺，分泌腎上腺素，讓我們有更大的能量去打鬥或逃跑。

情緒腦和我們的「思維認知腦」雖保有溝通管道，但這聯繫的路徑平均要到二十歲左右才會比較通暢，而且情緒腦一旦啟動後，認知腦要管控這高速衝出來的情緒，是挺有難度的。

因此，如何引導當事人理解「那只是我的情緒，我是我，我不是我的情緒，但我可以理解和關心自己的情緒」，便很關鍵。當然，也要引導當事人學會「『我』可以決定讓這個情緒如何表達，或甚至只在我的內心波動，暫時不表達。」如此，成為能掌管自己情緒的主人，才能最好地處理情緒。

情緒記憶

我們一般說的「記憶」多是認知層面的，但身體、情緒等層面的記憶，則是感受性、影像性、體感性的，這類記憶的狀態並非是平日我們所說的「記得」或「想起來」的內容。

情緒記憶通常需要類似的情緒或事件再度發生時，才容易被「提取」出來，甚至我們在認知上並不知道是過去哪件事情的情緒記憶被提取出來。例如，某人忘了帶鑰匙，回家時剛好家人不在家，無法進門，於是在樓梯口滑手機等待家人。此時，突然升起強烈害怕被遺棄的情緒，這自然不是因為當下沒帶鑰匙所引發的，可能是過往的情緒記憶被喚起——如幼年時曾被母親處罰而被關在門外的情緒經驗。

然而，不論是現在的情緒刺激事件，或想起以前的事情，甚至無意識地提取出過往情緒記憶，如上述沒帶鑰匙而感到被遺棄感，只要當下被引發的情緒，全都是此時此刻的情緒。

在處理過往傷痛事件時，對情緒記憶和情緒此時此刻的特性，必須要清楚認識。[1]

2 情緒的變異

葛林堡（Greenberg, L.S.）和他的團隊發展出獨特的情緒理論和情緒焦點治療（Emotion-Focused Therapy）。葛林堡因應心理治療的需要，將情緒分為三類：原級情緒（primary emotion）、次級情緒（secondary emotions）和工具性情緒（instrumental emotions）。[2]

我認為這個觀點對處理情緒議題很有助益。

原級情緒

原級情緒指的是與引發刺激的狀態相符合的情緒反應。例如走在峽谷間有些搖晃的吊橋，我們會感到些微害怕；或行走於黑暗巷弄中，聽到後面有奇怪的腳步聲，害怕的感覺隨著腳步聲的急促和靠近逐漸加強。若情緒的反應「強度」與引發情緒的刺激力道相當，即為「**健康的原級情緒**」。

然而，如果情緒反應與引發情緒的刺激事件雖然相符，但情緒反應與刺激事件的大小不符時，我們則認定那是「不健康的原級情緒」。換句話說，就是情緒反應強度過大。例如，店員弄錯而少找了我一百元，我請他再度核對，而他雖立即補我一百元，但沒表示歉意，態度還不甚好。這種情況下，一般人會有點不高興地抱怨，但通常這只是讓人有些生氣的小事。如果我也確實感到有些生氣，這是「健康的原級情緒」；但如果我因此大發雷霆，甚至動手甩他耳光，氣過了頭，傷己傷人，那就成了「不健康的原級情緒」。

而形成不健康原級情緒的因素常來自以下兩點：

1. 發生多次相類似的事件，當事人卻未覺察情緒，或將情緒壓抑，累積起來，終於在某次又發生時忍不住一起爆發出來，造成過度強烈情緒反應。例如妻子對先生批評、挑剔的言語總是吞忍，未能及時反應出相對應的情緒。某次先生又嫌妻子煮的湯太鹹、菜炒得太爛時，妻子累積許久的生氣情緒一次爆發，氣得翻桌。這麼嚇人的情緒反應，和先生當下嫌妻子廚藝不佳的「小刺激」完全不成比例，但這暴怒是累積許多小生氣後一次爆發造成的。
2. 當下刺激同時引出過去相關，但較強烈的情緒經驗。如老闆對某位部屬所擬訂的企劃案不甚滿意，很理性地向其提出修改的建議。此部屬雖對此意見不以為然，但沒反駁，心中卻升起強烈的挫敗感，覺得自己一無是處，是個沒用的傢伙；他更感到憤怒，認為老闆總是針對自己挑毛病。一般說來，我們被老闆認為企畫案做得不好，因而感到有點挫折，且因不同意老闆的意見而有些不高興，都算是健康的原級情緒。但這位部屬卻那麼強烈地貶抑自己，並對老闆強烈不滿，這樣的情緒強度實與現實並不相符。這有可能是過往經驗所致，譬如老闆的指教勾起他成長歷程中被高要求的父親嚴苛批判與責備的情緒記憶。

基本上，「健康的原級情緒」都是當下的，處理上也簡單：覺察它、接納它、適當地發洩它，或正面的面對、處理、解決引發情緒的事件，它就會自然褪去。在諮商情境中需要特別處理的「健康的原級情緒」，多是引發情緒的事件過大，如親人過世、損傷嚴重的意外事件或天災等。

「不健康的原級情緒」之處理，需先從辨識真正的情緒刺激開始，再覺察自己的強烈情緒反應是否和現實事件的強度大小相符，若確實不符，則要再進一步探索自己怎麼了。（實際處理的原則在本章第八節討論。）

次級情緒

次級情緒指人們因某些因素，不能如實表現內在的主軸情緒時，會改以另一種情緒形式展現於外。這多在當事者的無意識層面運作，並成為一種固定的反應模式，通常於其意識面無法清楚覺察。這顯現於外的情緒，我們稱為「次級情緒」。

在《茶金》這部戲劇裡很小的一幕情節：劇中一位父親貪戀茶業大王張福吉家大業大，急巴巴地答應自己的小兒子入贅張家。但當張家遇到經濟危機，加上祝融燒掉一間廠房而債台高築，這父親竟然未知會兒子，就在訂婚當日無情退婚；而之後茶業大王當選茶業理事長，事業可能又有轉機……這父親氣兒子仍帶著禮物去張家致賀，覺得兒子沒出息，還戀著訂親的舊情，讓他沒面子。將兒子痛打一頓，並說出狠話：「你連做我的兒子都不配……」看著那父親當下的非語言訊息，我想，那憤怒不像是針對兒子的，甚至不是憤怒。而他罵兒子的那句話，也許真正的意思是：我不配是你的父親！

那個時代，威權的父親，哪有顏面承認自己做錯了「判斷」，不願意承認甚至因此壓到無意識而心中無法感受到的悔恨、不甘和羞愧感，只能以較為有力，似乎能掌控一切的憤怒情緒表現，發洩到一切順服的兒子身上。這憤怒就是次級情緒。

而有些人們顯現委屈、憂鬱和無助的情緒，但若在那些屬於較微弱、消沉情緒的背後，其實藏的是憤怒情緒，這委屈和憂鬱就成了次級情緒。

因為次級情緒不是內在真實的情緒，不但失去了原本情緒的功能性，也不可能幫助當事人好好面對與處理真實的情緒。然次級情緒產生的機制很複雜，由人們的個性、能力、社會文化規範、自小學到的情緒處理方式交互作用所形成。

當然，通常人們未能在意識層面覺察到自己展現於外的情緒是「次級情緒」，主觀上可能會以為自己「真實」感受到的次級情緒，就是真正的內在情緒。此外，情緒本來就相當複雜，很少只是單一情緒，即便個案的憤怒是次級情緒，原級情緒是害怕，但也可能害怕中同時也有些生氣。再者，次級情緒和原級情緒是相互牽動交錯的，處理上需特別注意。

每種情緒都各自有其功能，提醒著我們要如何適當因應那些引發情緒的事件。譬如害怕，是人們對外在的威脅感到難以應付，而需要他人的力量協助所產生的情緒；憤怒，是用來打跑那些具威脅的外在刺激的情緒，例如有人企圖剝奪我們權益或財富，為保護自己而生氣奮力抵抗。

所以，如果否認了原本要求助的原級情緒（害怕），卻表現出要打跑他人的次級情緒（憤怒），不僅使原有的內在情緒沒能發揮功能，很難消退，甚至造成更多後續的情緒一一浮上來——因他人都不了解自己而覺得沮喪、自責、懊悔等沉重的感覺。內在的害怕難以平復，外顯的憤怒因功能混亂，更是無法退去……

工具性情緒

工具性情緒則是主要為了達到某種目的而表現出來的情緒。雖說這情緒是工具性的，但大多數並不是意識層面有意運作的。最簡單的例子，就是幼兒也能很快的學會用大哭來讓母親投降，而放棄堅持正餐前不能吃糖果的家規，讓自己的需求得以滿足。因此工具性情緒常是關係中「共舞」的結果。

而有些人沉浸在某種情緒中，久久不能或說不願讓這個情緒離開，也可能是工具性情緒。譬如少部分憂鬱的青少年，無意識裡感到自從診斷為憂鬱症，父母對自己的要求和期待標準降低很多；更害怕若不再受憂鬱之苦，可能又需要面對課業和自我負責的壓力。因此，繼續留在憂鬱的狀態下。

既然所表達的情緒只是工具性的，那必然可以找到更好的方式來達成目的。或是如上述例子中的母親，可試著不輕易妥協，打破孩子哭就有糖吃的工具性策略。

極端的工具性情緒：情緒勒索

情緒勒索是親密他人利用他的不愉快情緒，去引發當事人的罪惡感，而達成其「綁住」當事人的目的。

例如，妻子哭著對先生說：「最近你老是加班，都不能回來吃晚飯，你知道我一個人吃飯多沒意思嗎？根本沒胃口、吃不下東西。而我的貧血更嚴重了，這幾天我一站起來就會頭暈得不得了，而且開始胃痛……」

以這樣哀怨的訴苦，讓先生產生強烈的罪惡感，而必須在妻子期待天天回家吃晚飯和老闆要求加班間掙扎。當先生勉強符合妻子的期待，增加返家吃晚餐而拒絕加班時，就可說是進入這情緒勒索的迴旋圈中。通常，這情況會愈演愈烈，妻子要求更多回家吃晚餐的次數，或先生真的無法準時回家吃晚餐，妻子的情緒反應會加大，最後造成兩敗俱傷。

人們會被他人情緒綁架，其一必然是這個關係、這個人是當事人所重視、在意的，而且關係緊密，或對方是對我們有影響力的重要他人。其次，當事人可能尚未建立夠好的情緒界限，以致讓對方不斷以情緒企圖侵入。

但從另一個角度思考，勒索者之所以要以此方式「威脅」對方，必然是他的需求沒能透過其他方式滿足。這情況可能很複雜，有不少可能性——也許勒索者並未明白表達自己的需要和期盼；也許，這個需要是他個人內在「虛空」的議題，即便是親密他人也難以滿足；更或許是，他沒學會以好的方式溝通協調等等。遇到情緒勒索的狀況，被勒索者也可以想想，在兩人的關係中，是否一直沒有注意到對方的需要，或未給出足夠的關懷，又或是忽略自己在關係中該負的責任，由此，也許可找出滿足對方需求的其他方法。

勒索者若願意面對自己，可重新看待自己的需求，評估這些需求在時空上的合理性，譬如，如果是自己幼年時未被滿足的愛、曾目睹家暴的害怕、父母外遇事件的傷害，這些兒時的未竟事宜，是無法期待現在的伴侶彌補我們的。其次，也可以嘗試判斷對方是否是滿足自己的最佳人選，包括實際執行的可能性，譬如先生的工作性質必須常加班或值晚班，一起晚餐的需要也許偶而可由其他親友替代；再者，找到更好的方式，讓對方知道你的需求，協商出對方較能做到的方式來滿足自己。

不過，我個人認為心理師在處理「類」情緒勒索時，回歸到工具性情緒的概念思考是比較容易些的。探索個案表達工具性情緒的目的，找到引發／運用此情緒的原本需求，不牽涉到勒索或被勒索，人們的防衛、否認的機會自然能降低很多。同時，「勒索」一詞容易衍生出更多的其他情緒，情緒勒索者若面對自己這狀況，容易產生羞愧和罪惡感；而被勒索者更易陷入受害角色而生氣或無奈，很難去看見自己在關係中也需要負起的責任。

重疊交錯的三類情緒

葛林堡在提出這情緒分類時，就強調三類情緒在同一情緒事件上，可能是會重疊交錯的，尤其是次級情緒和工具性情緒，需要細緻地去理解與分辨。我多年前參加葛林堡帶領的工作坊，進行實務演練時，發現真的很容易混淆，有些情緒甚至同時是次級，也是工具性情緒。

簡單以上述孩子哭鬧要糖吃為例：孩子過往的經驗告訴他，用哭鬧可以達到自己的目的，當其單純為想吃糖而大哭，這自然是工具性情緒。但若孩子因媽媽這幾天工作很忙、脾氣不好、又沒陪他，導致他內心感到「害怕」——媽媽是否不愛我了，因而想試探媽媽能否因為「我」的想要而打破不能飯前吃糖的規定時，這時要糖吃的哭鬧，就不只是工具性情緒——這生氣的哭鬧比較像是次級情緒，替代了原級情緒——害怕。

心理師需要對情緒的變異性有知識性的理解，並願意親身去面對與分析自己的情緒狀況，才能在諮商工作中與當事人的情緒好好「交手」。

3 扭曲與誇大的情緒

心理師在諮商工作中，對個案自述的情緒狀態要有所保留，必須從其他資訊來分辨當事人的真實情緒到底為何？

上一篇談的是葛林堡所提出的三種情緒變異，這篇再討論扭曲與誇大的情緒。我們必須還原這些情緒的本來面貌，才能讓情緒自然的退去。

「扭曲」情緒

「投射」的情緒

在上一篇描述的《茶金》劇裡，那父親不能承認自己做錯了「判斷」，以致心中的悔恨和不甘，轉換為憤怒的次級情緒。他把兒子痛打一頓，並說出狠話：「你連做我的兒子都不配……」

若從另一個角度去分析他的情緒反應：假設這父親主軸情緒確實是生氣，但氣得是自己沒遠見，做了在訂婚當日退婚這錯誤又衝動的決定，結果不但沒結成親家，更沒顧及茶葉大王的面子，得罪了對方，但他卻對兒子生氣，對兒子說了重話——這生氣可稱之為投射的情緒。

投射情緒有兩種路徑。一是將自己不願承認的內在情緒，投射到外在他人身上，例如上述父親將對自己的生氣投射到兒子身上；另一種，是對某人的情緒因無法直接表達，而投射到另一個人身上。例如，一個對嚴厲父親不滿而生氣的兒子，自幼被迫壓抑了這種不滿，但在長大之後面對類似的權威男性，會產生的莫名憤怒感，這也是投射情緒。後者的投射情緒非常容易在諮商室裡發生，當事人將他對重要他人的情緒投射到心理師身上。

「內攝」或「混淆／融合」而產生的情緒

「內攝」（introflection）和「混淆／融合」（confluence）都是完形諮商理論裡「逃避策略」的一種（「投射」也是）。

「內攝」指孩子在幼年階段，毫無選擇地如囫圇吞棗般，把父母的行為方式或「教訓」吞進肚裡，並且無意識且自動化地遵循。之所以產生內攝，一則是因為視父母或主要照顧者為萬能者，非常忠誠地依附與認同他們；再則，深怕不遵照父母的教導，會被遺棄或得不到他們的愛。

「混淆／融合」指個人對於內在經驗與外在現實環境（包括他人）之間，沒有好好地區分出自我界限，因而不能清楚地覺察所體會到情緒或需求到底是自己的，或是他人的。也就是在人我關係裡，過度結合／混淆兩人彼此的信念、態度和感受，無法認知到雙方的自我界限和兩人的不同。

這兩種狀況都使人們在情緒的覺察上產生混亂。前者是達不到小時候內攝的父母標準和期待，或是把父母過往的責備，轉為自動化的自我批判，因而引發負面情緒。例如，某人來自醫師家族，內攝了「只有當醫師才夠優秀」的信念，但他的興趣和能力並不適合醫學，因而不論在其他領域有多好的表現，他總是對自己感到不滿，覺得自己是沒成就的。這些自貶和挫敗的情緒，即是由內攝所產生的。

至於後者，是分辨不出自己與他人的情緒，過度受到他人情緒感染而以為自己也有那樣的情緒。譬如我曾遇過一位憂鬱症的學生，某次進行家訪，一進他們家就被那種低落的氛圍所震撼。特別和母親談話，母親總是嘆氣而無力的說著生活中的難處。我差點就也憂鬱起來了……。這學生的憂鬱很大部分是來自混淆了母親的情緒。

既然不是當下外在刺激所引發的情緒，自然很難處理或自然退去。

誇大／放大的情緒

雖我稱之為放大或誇大情緒，但必須先強調，對於經驗著情緒的人來說，在主觀上那情緒的痛苦程度是真實而確切的。

所謂誇大的情緒，指我們感受到的情緒遠大於當下情緒刺激的強度。這類似「不健康的原級情緒」，只是兩者形成的原因不同。人們之所以會形成誇大情緒，可能由以下三種因素交互作用所致。

第一，是個人本身「氣質論」中的「反應閾」閾值較低，特別是其中的「社會覺」，也就是說，此人天生對外在刺激很敏感，只要很少的刺激量就能引起情緒反應。「社會覺」的閾值低，對他人的皺眉、口氣略凶，不但敏於察覺，也容易高估對方的不高興的程度。第二，是核心自我肯定和自我支持不足，多靠外在的掌聲和「勝利」維繫自尊和自信。若經歷犯錯、失敗、挫折等狀況，很容易就被擊倒。第三，則是過往有很多可怕的經驗，易如驚弓之鳥、神經質地被引發情緒。

有上述這三種狀況的人，自然會「放大」情緒刺激的威脅性，並低估本身所擁有的因應能力。他們主觀覺得自己承受不了事件壓力，無力應付，因而啟動強烈情緒，督促自己急忙逃走、避開或準備戰鬥。同時，他們也「誇大」痛苦情緒的感受性。

引發誇大情緒的三個因素都不容易調整與改變，以至於誇大的情緒也很難面對。心理師需要先協助當事人對於所面對的情緒有清楚覺察，還原此刺激事件原有的力道，才能有效讓這樣的情緒逐漸消退。

衍生的情緒

衍生的情緒是一種情緒後的情緒。譬如對我們的親密伴侶不滿而發了脾氣，而之後又感到自責、愧疚；或是，對想像中的威脅物感到害怕，之後發現虛驚一場，於是對自己的膽小感到生氣、羞愧；又或是，面對外在威脅而感到生氣，努力想要抵制卻做不到，進而產生無力、無奈之感。

衍生的情緒是由前面感受或表達了的情緒所引發，我認為在因應上，還是必須先討論原本的情緒為主。若能以接納的態度去面對之前的情緒，就不容易升起衍生情緒了。

我仔細地討論各種不同的變異、扭曲等情緒，並非要刻意複雜化情緒狀態。而是大部分進入諮商的個案，其最核心的原由都是被痛苦情緒所困，不論他們是正在經歷著，或已將之壓抑、隔絕到心底。心理助人工作者只有真正理解情緒的變化多端、千迴百轉，才可能以「懂得」的方式好好陪伴個案，共同面對他們內心深處的複雜感受。

4 「焦慮」情緒

在情緒心理學上所討論的、古典治療理論精神分析學派的論述，以及一般人常述說的「焦慮」（anxiety），其實有很大的差異。

情緒心理學對焦慮的定義：相較於恐懼，焦慮是對於未來可能發生的危機和威脅的擔憂，是出於預期和想像的思考，可稱為神經質焦慮。其強度雖然比恐懼低，卻是一種連續性的威脅感受，而當事人對其所認為的威脅，難以明確說出源頭的刺激事件是什麼。

焦盧的特殊性

也有些學者認為焦慮是一種處於擴散狀態的不安，核心情緒是害怕。兩者最大的不同在於，害怕是針對特定危險的情緒反應，焦慮是非特定、模糊的和無對象的狀態所引發。而其主要特性是在面對危險時的不確定感與無助感，且其威脅多是針對人格的核心或本質而來，包括個人的自尊或自我價值等等。

因此，焦慮是一種面對預期、想像、尚未實際遭遇到之危險時的心理狀態，例如面對新工作、擔任新角色所產生的不安感便可說是焦慮。其他像是我們面對死亡所感到的未知與害怕，稱死亡焦慮；針對人格的核心或本質而來的威脅，稱生存焦慮。

完形治療學派基本上不視焦慮為情緒，認為它屬於「中間領域／中界」認知思考的覺察範圍，非「內部領域／內界」覺察中的各種情緒。

而古典精神分析學派佛洛伊德談的情緒狀態都統稱焦慮。主要分為現實焦慮（reality anxiety）、神經質焦慮（neurotic anxiety）、道德焦慮（moral anxiety）。其中現實焦慮的定義：來自真實世界的威脅之反應，這種焦慮主要是警告我們避開危險，但有時也會超出我們能承受的，幾乎等同於我們現在對所有「負面」情緒的概念。

精神疾病領域，早期稱之為精神官能症的病症都統稱「焦慮症」（anxiety disorder），只是依症狀不同而區分為泛焦慮症、恐慌症、強迫症等等。

情緒心理學家也發現，所有情緒升起時，會啟動自律神經系統的交感神經作用，除了大家熟知的心跳加速、呼吸急促，同時也抑制胃和胰臟的消化功能並抑制膀胱的收縮。然緊張、焦慮時卻常引發胃酸過多，或壓縮膀胱想排尿，這剛好和交感神經系統的生理反應相對。可見焦慮激發的是副交感神經系統作用，和一般情緒很不一樣。不過，人類情緒很少是單一出現的，通常焦慮時，也伴隨其他情緒如害怕、生氣等，使得生理運作有些複雜，常是交感、副交感神經系統一起作用。然副交感神經系統，原本只是用來平衡交感神經系統的，以致焦慮在生理反應上相當混亂，特別容易引發身心症狀。而我們對焦慮的主觀感受，實在也很難區辨到底是焦慮，還是害怕。我們其實都依個人的習慣方式為情緒命名。

焦慮還有兩個特點，一是焦慮和我們的工作表現或生活適應的關係，是成鐘形曲線的——也就是適中的焦慮狀態，反而可提升我們反應力、注意力和處理資訊等能力，讓人處於一種恰當的預備狀態，能積極處理不確定的情境或未來的重要事情。因此，做事效率也會更高。

只有過高的焦慮狀態對我們有負向影響。但多強多弱的焦慮算是適中或過高，那是很主觀且因人而異的。此外，焦慮存在的時間長短也是個變數。焦慮若存在較久，即便強度適中，也會造成身心壓力過大的不良現象。

焦慮的另一個特點，是人們的焦慮有不同的性質，如焦慮狀態（state）、焦慮模式（pattern），甚至對常處於高焦慮的人稱其擁有焦慮風格（style）或焦慮特質（trait），其他的各式情緒很少會被視為風格和特質的。

所以，焦慮確實是個很特別的「情緒」，也需要以很不一樣的方式因應它。

因應焦慮的方式

焦慮多是想出來的，因此不必像其他情緒需要去「體驗」或「停」留在那情緒中。而既然是想出來的，探討焦慮時，重點便在於探討此人都想些什麼，評估那些想法的合理性是可行的（其他情緒的處遇則不宜）。

在我個人或諮商工作的經驗裡，焦慮情緒大部分是次級情緒，從探討焦慮的內涵，去找出其背後的原級情緒，或從中分辨有沒有參雜著其他的情緒，更是重要。

適度的焦慮是有正向功能的，因此學習和自己的焦慮不安共存便很重要——我們不必害怕焦慮升起，更要懂得安撫自己的焦慮情緒。當焦慮來襲，我除了會問自己：「你焦慮的是什麼呢？」更會評估自己現在焦慮不安的亂想，是否能讓事情不發生或結果變得較好。若不會，我只要針對焦慮的事項，依序做好準備即可，不能準備的、無法預知的，事前的焦慮似乎也是多餘的。

運用完形治療中的「外界覺察」，也能有效幫助當事人對焦慮「去敏感」。

例如，一位擔任護士的當事人，主訴面對醫生的工作要求，很容易引發高焦慮，常焦慮到完全無法聽清楚醫生說了些什麼，已經惡性循環到影響睡眠和自信。諮商中經過一些探問，更了解她的狀況後，我請當事人在聽醫師講話時，移動一些注意力，去觀察醫生外表的狀態，如領帶是什麼顏色、頭髮髮型、五官的特性等，不含思考判斷地，純粹用感官覺察（這就是所謂的外界覺察）。當事人一開始覺得我的建議很奇怪，但願意試試，一週後，當事人成功的開始聽懂醫生交代的工作。

很多人認為，本就聽不清醫生的話語，還要分心去注意醫師的外表，不是更難聽得懂？其實這方法就是基於焦慮情緒的特色——焦慮過高時，當事人滿腦子都是預期性的災難想法如「我若聽錯了醫生的交代怎麼辦？」「我如果聽不明白醫師說的是什麼，做錯了會被罵死」等等，當這些思考佔據大腦時，便嚴重阻礙她的認知「聽力」了。

而且我知道，當事人其實在實習時表現很好，更是護理科第一名畢業，只是到了大醫院，跟著嚴格權威的名醫，才讓她焦慮爆表。因此，進行些簡單的客觀觀察，可順利轉移她的注意力，減少那些造成焦慮的想法，反而能讓腦子騰出空間，清楚聽到醫師交代的工作。

與眾情緒不同的「焦慮」，又是諮商中常遇到的議題，心理師自然要好好認識它，並用適合的方式幫案主減輕焦慮，重建良好的生活功能。

5 面對當事人的無力感和憂鬱低盪情緒

無力感

很多心理師在諮商工作中，容易被當事人的無力感所感染，而被困在無力感的狀態下，難以動彈。

無力感有放棄的意味——我就是沒辦法，未來沒有希望，一切都無法改變。這感覺和「習得的無助」有些類似。以情緒的層次言，雖說無力、憂鬱、委屈，都可能是生氣的次級情緒，但一層一層地，以無力感最深。若從意識面看，委屈還是隱隱地感受到自己些微的「生氣」，更有點不公平或不平衡的感受；但到無力，在意識層面已經覺察不到任何生氣的感覺了。我認為無力感和重度憂鬱比較接近。

先不論由內在各種生理因素引發的情緒狀態（如憂鬱症的憂鬱情緒有部分由腦部神經傳遞物質血清素〔Serotonin〕過低所致），情緒基本上還是一個短暫，由外在事件刺激所引發的激動狀態。但有一部分的無力感，已找不到什麼外在引發刺激，也常持續盤旋心中揮之不去，似乎已經不全然是種情緒。在某些時刻，無力感可能是一種心理狀態，一種生命能量低盪的狀態，就如習得無助——習得後的無助狀態，通常也不以情緒視之。我猜想，部分無力感和習得無助感，不見得像一般情緒必會引發交感神經系統的生理反應。

但慢慢地，我在很多的當事人身上體會到，無力感其實是非常「有力量的」。這樣的體會累積到我能「相信」時，我就不太怕無力感了。我不怕它，就比較可以看到，在達到無力感之前或無力感的背後，有著什麼情緒和挫敗的經驗。

我會試著和無力感背後的那些感受「接觸」，有時候同理、有時候陪伴、有時候可以「工作」一下，多少都能幫助當事人離開，或至少看清楚那無力感。當然，最重要的是，我不在意當下我可能什麼都做不了的感覺，也就不會和當事人一起被無力感淹沒了。至於自己若升起無力感，也能因為不怕它，而讓自己在其中沉浸一陣子——在「無力海水」中淹久了，人會本能地就會伸出頭來呼吸空氣。

憂鬱低盪情緒

通常，遇到當事人情緒憂鬱低落、遭逢重大失落，甚至痛苦想自殺時，心理師難免過於用力或著急的想要拉住、拉起當事人。其實，多陪著當事人停在這些低盪的情緒中，好好體驗，才是最重要的。對心理師言，在這種狀態下，應當穩定地高層同理，並與當事人同在，但此時又能維持自己的界限和清明的心，這兩者並存的安在最難。

若當事人第一次來談即處在很低潮的狀態，可能需要先做一些危機的評估。假使當事人是在諮商期間心情掉落谷底，心理師需要了解是否發生了什麼——是上次諮商談到了某個主題所引發？或是這週間當事人生活中發生了什麼事情？然後針對造成低潮的議題進行處理。

如果當事人長期以來都處在情緒高低起伏很大的狀態，則必須就此部分進行些工作。探索當事人過去低潮發生的情形——有沒有週期性？有哪些事件容易引起情緒低落？低潮時都是如何過日子的？之前低潮是如何過去的？當事人曾經如何有效幫助過自己提升低宕的狀態？當事人對自己低潮狀態的看法如何？是接受，還是抗拒、厭煩的？讓當事人自己回想、自己找尋這些問題的「答案」。

心理師宜先幫助當事人看清楚自己的情形，達到可以面對和接受自己低潮的程度，再進一步依據當事人的獨特性，找到一些可以幫助他自己度過這段時間的方法；最後試著找到可以逐漸縮短起伏的週期，或使起伏的幅度變小的行動策略。若可以找到掉落低潮的引發點或線索徵兆，更可以幫助當事人學習提前預防心情的掉落。

如果在低潮時，當事人會因為害怕自己爬不起來而不願面對自己的狀況，心理師則應引導當事人去看見自己之前從谷底爬上來的正向經驗，幫助他相信自己就算再低落，也總有一天會爬上來。有了這樣的信念，當事人便不至於太焦慮不安，才能有機會找到爬起來的力量和方法。

當然，不論是哪一種低潮，一定要先做到的是，關心和同理當事人低潮時本身的痛苦和生活上的影響，並協助減低一些低潮引發的難過與對生活的干擾。

6 文化中情緒的獨特性

在不同的社會文化中，引發情緒的刺激、對情緒刺激的解讀、情緒的非語言反應方式、情緒的表達，以及情緒出現的因應行為，都會有很大的差異。

像中華文化重情、重和諧關係、遵循禮法位份，更在乎他人的眼光。人與人的關係與互動情況，常成為引發情緒的最大宗刺激。這樣以和為貴的價值觀，對情緒，尤其是不愉快的情緒，很自然地會傾向壓抑和隱忍。

因此，我們社會基本上對情緒有很深的誤解：最好沒有情緒；不該有情緒；情緒只會帶來麻煩、沒助益（哭有什麼用）；感受到的情緒和表達出的情緒常常混淆。

我們習慣性壓抑情緒，就會因此不談情緒、不練習表達想法和感受、不試圖去理解自己和他人的情緒，以致沒機會好好學習同理他人（回應他人情緒最好的方式），並作適宜的情緒表達。不只是一般人如此，包括教育工作者，甚至心理助人相關工作者也都有一些這樣的誤解。

而因著文化的差異，我們社會存在著一些獨特的情緒，例如委屈；也有些情緒的

「變異」，不同於西方情緒心理研究中所探討的狀態。

以下我將分別討論我們文化下較為獨特的四對情緒：委屈與生氣、嫉妒與妒忌、羞愧感與罪惡感、快樂與滿足感，和一個折磨了很多人的情緒：自責。

6-1 委屈與生氣

孔子說：「小不忍，則亂大謀」。釋迦牟尼也提到「六種超渡方式與萬種修行方法中，忍讓第一。」《尚書》也說，「必有忍，其乃有濟；有容，德乃大。」俗話說：「忍事敵災星」，「忍得一時氣，免得百日憂」，「忍字頭上一把刀，遇事不忍把禍招；若能忍住心頭恨，事後方知忍字高。」

傳統中華文化以關係取向與他人取向為核心，重視和他人維持良好和諧的關係，以和為貴，並期望在他人前保持好印象，且敏感於他人的評價。「忍」、「忍讓」就成了自古以來備受推崇的一種特性。

壓抑和忍讓不同。壓抑多是無意識的，或壓到無意識去，而忍讓則是意識層面的，且重視的不是個人需求的延宕，而是社會取向的，強調在各類人際關係中的隱忍；面對問題也以消解表面衝突為重，並非著重問題之解決。

因此，人類基本情緒——生氣與害怕，其中的「生氣」自然成了我們文化中最為貶抑的情緒。當我們不會，或不能，或不懂得「生氣」，便衍生出一種我們文化下相當獨特的情緒：委屈感。

委屈常是生氣的次級情緒

我試著描述委屈感的幾種狀態：

委屈感是一種覺得自己犧牲很多，卻未被看到或未得到相對應的回報；感到自己的能力、努力和重要性沒被重視，甚至感覺被貶抑；遭受不公平的對待，但無法去爭取或提出申述，只能忍讓下來；被人誤解卻沒辦法為自己辯解，或自認澄清不可能有效等等狀況下，所產生的不愉快情緒。

也許，我還說的不夠周全和精準，但我想多數心理師在諮商中，特別是面對女性個案，一定經常碰到這個情緒。

我認為委屈算是生氣的一種次級情緒。上述說的產生委屈情緒的狀態，都是引發生氣的刺激——外在的人、事、物，對我們的生存產生可能威脅或衝突，或傷害我們的自尊，或剝奪我們所擁有的東西。若覺得自己可以退敵，或有效保護自己，則升起生氣，以助我們達到護衛的目的——此時生氣是有力量的情緒。

然而，委屈則多是自認無法改變現況或無法護衛自己權益，因此，個體沒多少力量去「回擊」讓我們不高興的人事物，但又不真的對此心生害怕而逃走、放棄，只能升起哀怨的委屈感。委屈感也容易讓人一直陷在受害者的角色，動彈不得。

對次級情緒的處遇，最好能將次級情緒回歸原級情緒，也就是從委屈感找出原始生氣的情緒，才有能量好好面對引發委屈感的各種狀況。

一定要相信，生氣是很棒的情緒能量，是行動力的基礎，更是生命力的展現。我們要清楚覺察到自己的生氣情緒，並接納它，這是最重要的一步驟。接下來，是去理解環境與他人，然後有智慧地選擇如何表現，或何時、向誰表達這生氣的情緒——其實所有的情緒都是該如此對待的。

需再澄清一點，情緒表達分為兩部分，一是以非語言為主的自動化表達；另一是經過高級情緒中樞，帶著理性的情緒表達。前者，觀察嬰孩最清楚，一生氣就直接拳打腳踢，大聲哭叫，這種自動化的情緒表達，是需要在成長過程中學習適度地調整和控制的。但是，面部表情有時難以完全控制，人們常常不知道自己已經透露出些微的生氣表情，也因為如此，心理師才能透過當事人的非語言訊息而觀察、體會到其壓抑或不想碰的情緒。

後者所說的情緒表達方式，自然是需要更高的成熟度和更多的學習才能做到。我自己之前也是不會「生氣」的，因此常常經驗高度的委屈感。透過不斷的自我探索與練習，現在的我，可以用很巧妙的方式表達生氣。有時他人已經看不到我出現一般人們所認知的生氣樣貌，但那生氣情緒的力量，能運用來保護我自己，或爭取該有的權益，甚至「幫助」弱勢或推動公益。

很多勸人不生氣的格言，其實都似是而非。如「生氣是拿別人的錯誤懲罰自己」，這說法其實是指受困於生氣中，又無法有效處理的狀態。別人若犯錯而傷到我們，自然要生氣，但不是一直自己生悶氣，而是要適當地讓他人為其犯錯負責，並做適當的彌補。事情處理或解決了，我們也就不會生氣了。不敢面對生氣，自然無法處理，情緒就過不去。不敢表達生氣，別人可能不知道自己所做的事情是錯的，而且影響到我們。情況無法改善，甚至因他人不知道而不斷重複做「傷害」我們的事情，當然就變成在懲罰自己了。所以這句話該改成：「不正視和表達生氣，那就會拿別人的錯誤懲罰自己。」

協助常感到委屈，卻無法表達生氣和憤怒的當事人時，心理師要引導他們覺察到自己的原級情緒——生氣，並學習適當地把生氣表達出來。這是減少委屈感、讓委屈感消退的不二法門。

6-2 嫉妒與妒忌

嫉妒情緒（envy／jealousy）其實是每個人都非常熟悉的情緒。

但嫉妒的確也是需要好好探究的一種情緒。可能因為妒火中燒時，容易讓人做出恐怖的傷人行為，所以不知從何時起，我們的文化就將嫉妒情緒視為一種可怕的、「邪惡」的情緒。因此，人們常過度否認和壓抑心中的嫉妒。越不承認自己有嫉妒的感覺，也就越控制不了它，惡性循環下，只能胡亂判斷和扭曲感受，以致做出非常不恰當的決定和舉動。

嫉妒和其他單一情緒很不相同，通常嫉妒是在某一種特定情境下產生的一組情緒，可能展現為生氣、害怕、不平或自卑、猜疑等。譬如一位五歲的小女孩看到媽媽花大部分的時間照顧剛出生的弟弟，表現出生氣、不平，或是害怕媽媽不再愛她了。在這種「比較」和「競爭」愛的狀況下所升起的情緒，我們特別命名為嫉妒。因此，嫉妒也可以說是一種組合型情緒。

兩種嫉妒情緒

情緒心理學在研究上因引發的情境不同，將嫉妒情緒分為兩大類：

1. 社會比較嫉妒，或簡稱妒忌（envy）

「社會比較嫉妒」是指一個人在他人能擁有某些東西、特質和能力，而自己沒有或比較少時，對他人產生不平、自卑、渴望、敵意、不滿和生氣等組合情緒。

我們需要注意，倆倆比較而產生瑜亮情節的狀況，是在任何關係裡都可能發生的。如夫妻之間，妒忌伴侶表現較佳、較為受人喜愛，特別兩人在同一領域工作；親子之間，有些父母親也會對比自己年輕、有能力的孩子產生妒忌感；長官對表現突出的部屬亦然……，也就是說，內心有妒忌情緒升起是很自然、很普遍的一種情況。妒忌絕對是個既「正常」又常出現的情緒。

我們文化中因不願意談妒忌，所以有了「羨慕」這樣的情緒字眼，一般人也直接翻成英文的 envious ／ envy。其實，羨慕只是在妒忌這組合情緒中偏向渴望多些，敵意少些的狀態。英文中沒有羨慕這個情緒字眼。

在諮商工作中，需要非常注意當事人用詞背後的意涵。不論他用羨慕和妒忌，我們都要細細體察他這情緒的真實樣貌。

2.社會關係嫉妒（jealousy）

「社會關係嫉妒」是指個體與他人的關係，因第三者出現而感受到失去的威脅，或已失去關係時所產生的情緒。後宮中的嫉妒就多是關係嫉妒，手足之間的嫉妒也以社會關係嫉妒為主，因其核心是與手足競爭父母的愛及親密感。

在社會關係嫉妒中，經常也同時有社會比較嫉妒。這是與競爭關係的「第三者」比較之下產生的情緒。如擔憂父母的愛被手足搶走，自然會和手足比較父母所重視的表現，像是誰功課好、誰比較聽話等。在愛情關係中，也會和第三者比較外表、才華、家世背景等各種條件。

手足嫉妒最難解

在此我特別要提醒手足間的嫉妒／妒忌情緒。

我自己的博士論文研究主題即為嫉妒情緒。原本的研究計畫中沒有特別放進手足嫉妒／妒忌，但在訪談過二十幾位受訪者後，我很訝異這幾乎是每位受訪者都有過的經驗……

這才發現，我們的父母和老師很喜歡用他人較好的表現來「激勵」孩子，特別是手足間。那造成的傷害真的很可怕呢！

每個人都希望自己表現優異，當他人表現比自己好，自然很容易凸顯出自己的差。但是，每個孩子各有自己的特性，個別差異本來就很大，要讓孩子適性發展、自我肯定和接納已經不容易了，若還要讓他感覺到有個「親疏性」[3]高到怎麼也分不開，卻什麼都比自己好或乖的手足，被最親、最能給出肯定和喜愛的父母「判定」他比自己優異，這一切情何以堪！

而且，在比較之下，被評斷為較乖或較優秀的孩子，對他的發展也常有負向影響。譬如孩子可能過度順服、遵從受肯定的領域和方向，而沒能好好探索和發展自己。

接納與正視自己的嫉妒／妒忌情緒

嫉妒情緒無所不在，每個人都逃不掉。但它只是提醒你自尊可能受損（被比下去，自尊多少會受到影響）；或警告你，自己所重視的關係可能有其他人來阻擾。但因社會、歷史文化汙名化它，不少人難以去面對與承認有此情緒。

心理師要特別敏察當事人內心深處埋藏的嫉妒／妒忌情緒，協助其面對、接納此情緒，進而能處理嫉妒／妒忌情緒，或使其慢慢消退。[4]

6-3 羞愧感與罪惡感

東方和西方對羞愧感與罪惡感的概念很不一樣。台灣的心理師雖身受東方文化影響，卻又承襲西方在情緒相關研究與處遇上的論述，使得在工作中覺察、體會、理解和處遇這兩種情緒時，容易產生混淆。

羞恥、羞愧與罪惡感

所謂羞愧感或羞恥感，英文都是「shame」。「Shame」指在眾人面前行為失誤後，自覺的一種不安痛苦的情緒狀態[5]；同時，羞愧感也是無法達成自己或他人的期許時，所感到極端難為情的情緒。兩者都可能衍伸為對整個人的譴責，感到自己很糟，通常會很害怕此錯誤行為或達不到理想的狀況被旁人揭穿。因此，這種感覺既攸關整體，又隱藏不敢說，難以消化，影響一個人的自我與關係甚巨。

但在我們的文化裡，「羞」、「恥」、「羞恥」、「羞愧」、「愧疚」等詞，各自的意涵有些差異。

「羞」與「面子」的議題比較有關，主要在意「沒面子」，因此與「丟臉」比較接近。

在《中庸》第二十章之四中的「知恥近乎勇」，此所謂的「恥」，有知羞改過之意。恥，是一種具有檢討意志的慚愧心，和「羞恥」相近。知恥的人，是發現自己有所不知、力有不及、心有不正及各種不足後，能勇敢的力求向上的努力改進之情緒性動機。

「羞愧」在中文裡，和英文的「shame」的原意較相近，甚至有時會與「罪惡感」混用，比較譴責做錯事情，而非整個人。但是若某人的自我概念負向、低自尊，那他的「羞愧感」也就會擴張到整個人，把自己否定掉，或覺得自己就是一個見不得人的差勁之徒。

「罪惡感」（guilt）這詞在使用上更為複雜。「Guilt」在《張氏心理學辭典》翻譯為內疚、愧疚感。「指個人自覺違反道德標準時的一種情緒狀態，此情緒的產生並非起自對外在懲罰的恐懼，而只是起自自己內心的不安。」[6]因此，即使沒有旁人在場，罪惡感也會產生，當事人並不會想要將錯誤藏起來，反而尋求被揭露，更希望做些彌補的行為來消除。

基本情緒多在幼兒出生至一歲半左右，就都能感受到了（當然幼兒沒法說得清楚，發展心理學家都是用觀察研究得知）。但不論是羞愧或罪惡感，則是在人兩歲半以後，當自我意識發展較清楚，能夠覺察到自己做了大人不允許的事情時，才會出現的情緒。

此外，「人際歷程取向治療」認為羞恥和罪惡是最讓人受苦的主要情緒。並提出兩組情感星座「憤怒—悲傷—羞恥」、「悲傷—憤怒—罪惡」，按照這說法，羞愧或罪惡比較像是情緒後的情緒。換句話說，我們在反應出悲傷和憤怒情緒後，才衍生出對此情緒表現的另一種情緒狀態。

年紀較小的人、青少年或低自尊的成人，也常因承受不了「自己整個人很糟的羞愧感」，必須將這個羞愧感丟出去。這時，他們常會表現出憤怒情緒，怪罪環境或他人，以掩飾內在真正的羞愧感。這時的憤怒是次級情緒，其內在原級情緒是羞愧感。

恩情也可能引發罪惡感或羞愧感

中華文化重情、重關係，因此施恩、報恩是重要的價值理念，如我們常說的「滴水之恩當湧泉相報」、「知恩圖報，善莫大焉」等。但若忽略施恩、報恩過程中，可能使受恩者產生的罪惡或羞愧情緒，原本的美事一樁便可能引發負面的結果。

「『大恩』如『大仇』，不得不慎！」中國劇《羋月傳》裡，主角羋月對秦朝皇后，原本的好姊妹，包庇世子傷人的罪刑雖不贊成，但勸說不成，基於姊妹情誼，選擇幫其共同掩蓋過錯。而這句話，是身邊的忠僕勸她深思的一句台詞。

細想，的確很有道理：有些人承受了大恩，又沒機會回報，心中對施恩者難免感到有所虧欠；尤其此「恩」是過錯的原諒或罪行的饒恕，受恩者內心深處的罪惡感難以被揭發，也就無法藉由受罰而贖罪。這將可能導致無法消退的罪惡感變質，或者，總感覺有個把柄被捏在「恩人」手中，而對施恩者感到不安。慢慢將「恩人」轉化成「仇人」，也不無可能……

而受恩者，雖感恩並想回報施恩者，但若自己處境和能力都不足以回報恩情，會因此感到自己不如人，是個沒能力的弱者。那種「整個人很糟的羞愧感」就容易升起，造成施恩的好意反倒讓受恩者對自己更為貶抑，也甚是可惜。

協助覺察分辨罪惡感或羞愧感

本文的目的並不是要把這兩個情緒更為複雜化——相信也有些心理師會質疑，上述討論對諮商工作並無助益，當事人哪能分得這麼清楚，必然習慣性地使用他們自身所認定的語詞標認自己的情緒。

其實，這正是我撰寫此文的目的。沒錯，當事人會用他個人慣用的語詞來描述這兩種情緒。但是，心理師可能懂得他真實經驗的情緒到底為何嗎？是要陪他一起努力彌補錯誤，還是要處理內在自尊和自我強度的問題，或者要體察他是否有隱藏未露的羞愧情緒？因此，只有心理師深入了解此兩個情緒的多重狀態，才能有效探究出當事人真正的情緒，而不會受限於當事人的情緒用語（這在其他情緒的處遇上亦然）。

當然，心理師對自己內在這兩個很「重」的情緒，勢必也是要好好釐清的。

6-4 快樂與滿足感

人們在這一生都想追求快樂和幸福，卻常感到「人生不如意十之八九」。快樂、愉悅等正向情緒，在生活中出現的比率真的比較少嗎？

我認為不全然如此。愉悅等感覺是在我們需求滿足了之後所產生的情緒。一來滿足我們各式需求的過程可能不容易，或需要花上較長久的時間，感受上的比例會有落差。再者，和情緒記憶有關。情緒存在的最重要功能，是在提醒我們注意「危險」人事物，並引發生理機制，以逃或打來保護自己。威脅我們的危險刺激，激起的自是不快和痛苦的情緒，基於生物本能，我們會將這些負面記得較為牢固，而沒有生存威脅和警告功能的愉悅情緒，相對之下也就容易「忘記」。

還有一個很核心的因素是文化上的。我們的文化對享樂、高興、滿足感等情緒相當「打壓」，且賦予負面價值——「樂極生悲」、「生於憂患死於安樂」、「禍兮福之所倚，福兮禍之所伏」等等，一再告戒世人要居安思危，不可以過度追求一時的幸福，而忘了危機總會伴隨快樂而來。於是，這種福禍相依的幸福論，造就了我們對幸福抱持著矛盾的態度，既想追求，又怕真的體驗到時不幸之事會跟隨而至。

父母師長教養子女、學生時，更少讓孩子好好去經驗滿足感、成就感。深怕孩子因此過於「得意」、「驕傲」，或不再求進步——「好還要更好」似乎成了一種律法。其實，在長大的過程裡，真正由自己費心努力完成一件不容易的事，感到得意、驕傲和滿足感，那是非常重要的心理能量來源，是自信及勝任感的基礎。單純體驗這種滿足的感覺，是多麼美好的經驗呀！

而「快樂」也有很多層次，寧靜安詳、感恩慈悲、滿足愉悅……都是一種值得經驗的快樂情緒。

本書前面和之後的篇章都討論到如何轉化和提取愉悅的相關情緒，以及強化我們去感受滿足感和成就感。在此我則期盼心理師們，要認真地去面對自己是否能體驗愉悅和得意、驕傲等情緒，只有我們本身先破除這種文化上的桎梏，真切地去感受美好，才能陪著個案們覺察和體會那本就屬於他們的幸福感。

6-5

自責

自責是個怎樣的情緒？自責是「健康的原級情緒」嗎？

自責主觀上是當人們做了不好或不對的事時，產生了對自己生氣、不滿而自我責備的狀態。

以情緒原始功能觀之——提醒我們外在所發生的事件威脅到自己，我們為了因應，會啟動伴隨生理、行為反應的情緒機制。其中，生氣的情緒能量就是為了奮力除掉那威脅而產生的。但是，「自責」中的威脅為何？自己嗎？還是做錯事所傷害到的人？這兩者都不該是「打」的對象吧！

再者，通常引發情緒的刺激事件過了，情緒就會慢慢消退。但是多數人在自責後，反而常陷在那樣自責的痛苦裡，無法前進……

自省不是為了自責

我認為，「自責」是我們文化傳遞下的一種自我省思、自我責備、自我貶抑的形式，它本身並不算是情緒。我猜想，源頭似乎和這段話有關：《論語・學而篇》，曾子曰：「吾日三省吾身：為人謀而不忠乎？與朋友交而不信乎？傳不習乎？」因此，我們自幼被教導要每日必自我反省至少三次的這個「美德」。

雖然曾子以「不」做負向論述，但我喜歡下面這個翻譯：「我每天都要多次提醒自己：工作是否敬業？交友是否守信？知識是否用於實踐？」其實這三點反省和對、錯關係不大，只是要達成這三項美德的一種自我期許，而且文中所說的是省思這三個部分，而不是三次！

雖說是自省，然大家回想小時候做錯事的經驗：父母總是氣極敗壞的拿著家法罵你：「想想你做了什麼？怎麼這麼不聽話！知不知道錯？」懲罰後還會加上一句：「給我站在這裡面壁，好好的反省反省。」

這樣的過程孩子學會什麼？通常是害怕大人們的責罰，可能不敢再犯，或偷偷做不讓大人知道，總之不容易真的學到自省。另一些孩子會將父母的聲音「內攝」到心裡，成為日後自責的內在聲音。

能經常自我反省算是個好習慣，只是自省也應該要包含做得很棒、很成功的部分，但我們文化中不鼓勵回顧正面的事情。即便要反省自己沒做到、沒做好的事情，應該要做的是要想法子改進，絕對不是做不好就責備自己這整個人……

真正因做錯了事情而造成自我挫敗，或傷害到身邊的人而產生的情緒，應該是罪惡感、內疚、後悔、懊惱、挫折感……等，這些情緒會促使我們面對事情，進行檢討、改進、道歉和彌補。

當然，有些人不願意經驗這些情緒，可能逃避、找藉口、推卸責任而責怪他人，那又是另一種狀態，這些人也不太會自責。

我發現，自責最大的問題是，人們（包括過往的我）自責的內容多是責罵自己，且罵的是：自己很糟、一事無成、沒用的傢伙、從沒做過一件成功的事……，這是一種針對自我的（人身）攻擊，一種對人（自己）不對事的狀態。這樣罵自己，正表示此人不夠接納自己、不喜歡自己，甚至討厭自己，也不可能有足夠的自信和自我價值感。他無法尊重自己。

而留在這樣自責的情況下，到底能做什麼？其實也於事無補！更有些人覺得自責就是一種自我懲罰，就是負責任的態度，罵完自己，反而就不用做什麼改進了……

甚至，有的人理智上知道，所發生的事件不全然是自己的錯，但太習慣先責怪自己，老是像口頭禪似地不斷說著「對不起」。久了，不但自己容易誤認自己真有錯，而他人也會自然地順勢把過錯往其身上推。

要先勇於面對與接受不好的結果

不論是發現自己常常自責，或是諮商中的當事人總是陷在自責中，我們都可試試先能面對事情——若是真的做錯了什麼，必須承認並接受那不好的結果——已發生的事情就是已經發生了，再怎樣也不可能變回從前。

要記得：不要對當事人的自責給予安慰，或強調這不是你的錯，當事人會因此更想找事例「證明」自己確實有錯，反而強化了他相信自己有錯的自責感。當然，若當事人對所自責的事，還有強烈懊悔、羞愧等情緒，需要先用合宜的方法協助當事人抒發，再慢慢幫助他面對。

然後，讓當事人想想接下來自己該怎麼辦？事情有沒有轉圜和彌補的可能？而自己要的是什麼？處理上該捨棄什麼，或追求其他的什麼？其中最擔憂的是些什麼？現在的狀況和原先想要的「結果」差異有多大？這件事最低的底線是什麼？

想清楚些，再決定該如何修正或承擔。

處理告一段落，檢討自己之所以做錯是怎麼一回事，也是必要的（有時，若對事後的修正彌補有幫助，也可以先去檢討如何犯錯的）。陪個案勇於承認自己在這件事情中所犯的錯誤，或誤判情勢做出的錯誤選擇，不但能有機會掌控某些因素，避免以後不會重蹈覆轍；且承擔了小錯誤，才能原諒自己所經驗的大挫敗。特別是以罪惡感為主軸情緒的自責。

若根本不全然，甚至不是自己的錯，千萬不要習慣性的以反省之名行自責之實！

自責，有時也可能是一種衍生的情緒。也就是對自己的情緒表達後，所產生的情緒。例如，母親對孩子發脾氣後，對自己未能理性管教孩子，以及在氣憤之下沒控制地說出傷孩子自尊的話，而引發了自責情緒。通常，若能接納原本的情緒，並適宜地掌控自己的情緒表達，那自然就不會衍生出自責的感受了。

7 諮商中情緒議題的實際運作歷程

在助人工作裡，當事人通常都是因為受到不能承受的痛苦事件而來，自然帶著強烈而複雜的情緒。情緒總是由事情所引發，但也和個人的特質和經歷有關，我們實在難以，也無法單獨討論情緒議題的處遇。

因此，本文針對探討的是：當個案主要困境來自於陷入痛苦的情緒無法自拔，且若能有效抒發和轉化情緒，對個案的助益最大時，該如何提出具體的因應方式。

首先要再度提醒：真正讓我們痛苦難受的，是那些威脅或傷害我們的外在他人和事情。外在他人或已發生的事件，不是我們心理諮商能處理或改變的。因此，我們的工作的焦點仍必須放在當事人自己身上，甚至有時候，可能要協助當事人改善與他人的關係，或處理已發生事件的後續狀況，如此情緒就可能慢慢消退。

在評估個案的情緒狀態時，則要注意每個當事人在諮商室中所表現的情緒樣貌差異很大。有的人很不一致地以冷靜、淡漠地態度，描述自己經歷的傷痛事件和情緒；有的當事人在當下情緒高漲，激動哭泣不已；有的則全然壓抑下痛苦情緒，而過著行屍走肉或自暴自棄的生活——為了逃避情緒，沉浸於電動、菸酒、賭博、性、甚至毒品，或安排過度緊湊的生活，以忙碌的工作、各式娛樂活動「忘掉」情緒；有的以「行動化」（acting out）——無法用言語表達情緒而轉以不適應或瘋狂的行為方式，來「表達」其情緒；也有少數當事人長期難以逃脫痛苦的情緒，產生了身心症狀和精神疾病。以上種種，都不見得和當事人遭遇之事件所引發的情緒強度有正相關。

轉化與疏通情緒的諮商步驟

基於前述之情緒特性及其展現的多元性，諮商工作宜遵循的步驟如下。

諮商的第一步

心理師透過同理的了解，慢慢地引導當事人認回和接受自己內在的情緒感受，而且知道遭逢這樣的事情，會有這些情緒是很自然和「正常」的。

諮商的第二步

再度和當事人一起細看這些情緒，初步分辨情緒是否是「健康的原級情緒」。若不是，要看那情緒是偏向「不健康的原級情緒」，或是「次級情緒」，甚或是「工具性情緒」。通常，如果不是「健康的原級情緒」，其他三種情緒狀態很可能並存，為了工作上進行流暢，要以當事人主要表現為主。此外，還須評估當事人有沒有產生「誇大」其情緒的情形。（下一篇會以「不健康的原級情緒」為例說明分辨的方式。）

只有健康的原級情緒可以用「宣洩」的方式處理。

某些個案的行為模式是責他型的，經常在生活中表達憤怒，這種狀態表示他並非沒有機會「宣洩」憤怒情緒，但似乎仍總是處在暴躁的生氣狀態下。通常這憤怒應該是次級情緒，次級情緒不是我們真正的情緒，所以「發洩」完全沒用。

另有一些個案，從不碰觸自己過往經歷的痛苦，將那些情緒隔離而深埋心中。但是在生活中，他雖好像提取不到那些情緒，卻仍充滿了不明確的焦慮不安，對自己的狀況不滿、自責，並擔心別人對自己的評價，擔心他人看到自己不好的面向等等。這些焦慮不安、不滿、自責、擔心，不也都是情緒呀！不想面對原本記憶中的原級情緒，就會衍生出現這些次級情緒，同樣是痛苦。

不去探索原級情緒，實難撼動次級情緒，而次級情緒也無法消退的，而且這些次級情緒的痛苦會越來越強。

同理，「工具性情緒」和「誇大」的情緒，也都需還原它們的原級情緒，或找到其未滿足的需求引發的原始情緒。

諮商的第三步

心理師需要經由探問，逐步釐清引發當事人情緒的事件為何？當然，多數會有一、兩個目前發生，或說是導火線的事件，譬如男友突然提分手、父親車禍意外驟逝、疫情造成經濟困頓等等。但心理師不能只被明顯的外在事件所困，尤其在敏察到當事人由事件所引發的情緒不是「健康的原級情緒」時，要多方探索當事人家庭、學校的成長經驗、相關的過往經歷、當事人持有的信念、偏見或早期生命訂下的生存法則，或當事人本身的特質、限制與內在資源等等。

這一步驟其實很不容易，畢竟人心相當複雜。過往的生活經驗太多、情緒記憶混亂，哪些會跑出來影響當事人目前遇到的挑戰，實在很難確知。情緒記憶之所以「混亂」，可能是因有些事件當時年紀太小，而認知能力不成熟，或當時情緒太強烈，嚴重干擾認知功能，造成情緒記憶的扭曲、不符現實或誇大。

而這第三步驟也必須視當事人的諮商次數、期待、動機強弱、外在環境資源，以及危機狀態，看要探索多少，以及在這麼多的訊息中，找出工作方向的主軸和處理的先後次序。

而第二步驟和第三步驟可以交互進行。

諮商的第四步

針對前一步驟所找出的主軸議題，評估此議題的核心狀況。協助當事人先面對已發生的事情——已發生的事情誰也無法改變；再者，幫忙當事人分辨出哪些是在這事件中必須和可以處理的部分，以及後續處理上所需承擔的責任。然後，一同討論該如何在實際生活中執行實踐。

所有的步驟裡，情緒的承接都是最核心的，但那不是所謂的貼近同理即可。每個個案情緒的反應和因應差異非常大，勢必要以量身訂做的方式承接當事人的情緒。

簡單區辨

有些習慣壓抑情緒的當事人，需要引導他能接觸到自己的情緒，必要時，運用一些「催化技巧」以促發其情緒在諮商當下出現，甚或需要發洩情緒。有些陷在痛苦情緒難以自拔的當事人，則可能需要讓他暫離那引發情緒的事件，如運用外界覺察練習，或是要用同理式的面質，或利用具象化的擺景、身體體驗，以拉出被情緒淹沒的當事人。或是，也可以透過討論現實事件來賦能，回想過往曾有的成功經驗，重現生命裡較有功能的角色行為等等，幫助當事人理性的認知能力逐漸恢復，回來接掌大腦的主控權。

另一些個案是「主體性自我」太弱，而管控不了自已的情緒；「過往傷痛」直接影響現在的危機事件，則要以強化「主體性自我」和處理「過往傷痛」這兩部分為主。

留意當事人的情緒滯留

此外，心理師也要注意當事人情緒滯留的狀況，提醒當事人有心理準備，並學著接受。例如，很多引發情緒的「事情」也許解決得了，但是那處理過程太艱辛甚至煎熬，以致事情解決了、過去了，那痛苦過程仍迴盪內心，情緒因此留存，還離不開。也有一些情況，是當事人做的決定只能兩害取其輕，選擇的選項中還是有不想要的部分，因而引發無奈的情緒蟄伏，或捨不得放下所放棄的選項，心有罣礙。其他的情況，包括遇到的「事情」需要一段時間才能完成，造成尚未完成的壓力長時間存在，耗能太多，由壓力所引發的情緒也就難以消退；還有些狀況是，我們做完了、解決了，在檢討利弊得失時覺得不夠圓滿，情緒也跟著過不去……。上述種種，都可能造成當事人情緒滯留。

最後，有些解決不了、改變不了的事情，或至少是非個人力量所能解決之事，只能幫助當事人學著認清這個事實，學習接受和放下，明白既然事情仍解決不了，即使已接納，難免還會繼續存在著情緒起伏。當事人要對自己仍有的情緒跌宕的情形保持寬容。

或許，情緒處理的遠程或說終極目標是使個案能健康地看待情緒，覺察它的出現，接納它，理解它，並找到適當紓解出口。同時，健康地面對情緒，透過情緒進一步清楚知道自己真正的需求、喜好和價值觀，成為人們了解自己、真正做自己的核心基礎。

而積極處理情緒，通常可以將其轉化成動機、力量，帶領我們保護好自己不受傷害，進而實現理想，完成夢想。

一個小小補充提醒是，要成為一位能有效處理情緒的心理師，需要對自己的情緒有清楚的理解且經過好好的疏通，並建立良好彈性的自我界限與情緒界限。

8 特殊情緒狀態的因應

幫助隔絕情緒的當事人經驗情緒

以下方法，可用來幫助將情緒隔絕的當事人經驗情緒。

1. 隨時注意當事人因情緒所產生表情姿態上的各項細微變化，如握緊拳頭。適時地將這些反應給當事人，若當事人願意，可請其「經驗」這樣的變化。特別注意之處有：

　面部表情：眉毛、嘴角、臉部肌肉的對稱性

　眼睛：眼神的明亮與黯淡、視線的接觸與游離

　姿勢：各種肢體動作與身體空間距離

　副語言：音量、音調、重音、停頓等特性

2. 部分肢體小動作之非語言訊息，可用「誇張技術」將當事人壓下的情緒引出來。例如，當事人談到某人時，會不自主的用手掩住嘴巴，請當事人誇大這個動作，用力去遮住嘴。

3. 運用適宜的「面質技術」。

4. 了解一般人常用的隔絕情緒的方法，如笑、避免眼神接觸等，請當事人刻意不用此方式來重述事件。

5. 若能「同感」當事人的情緒，試著將感受到的與當事人核對，若當事人同意，再請當事人重述幾次這情緒。如「我感受到你有些微的生氣。」請當事人說幾遍：「我有點生氣。」

或用「高層次同理」反應出當事人無法言說的情緒，並進一步引導當事人體驗此情緒。若心理師不確定所體會到的是否為當事人的情緒，可試著說：「若是我經歷到……，我會感到……，你覺得你也會有這樣的感覺嗎？」

6. 在諮商的互動中，當事人出現情緒表徵或感受到某些壓抑的情緒時，即時請當事人停在這感覺中。若是當事人自己體會到——如當事人眼眶泛淚地說：「我一直告訴自己那件事很久遠了，不重要，但不知道為什麼我突然感到好傷心……」，此時心理師不需要說什麼，以同理的態度安靜地陪伴著他留在這情緒裡。有時重新經驗到隔離已久的情緒並停在那感受它，對當事人是有難度的。當事人停留在此，那情緒反而很快地不見了，心理師需要耐心多次「嘗試」。

7. 請當事人改以「負責任的語言」表達事件，以引出情緒。例如有次，某位大四學生車禍受傷，無法參加準備多時且可能獲得獎牌的全國大專運動會。了解他的同學對他所表現出一派輕鬆的樣子，很是擔心。當他與我談到此事，同樣不在乎的說：「受傷就不能去呀，無所謂的，醫生說預後不錯啦，以後還可以跑……」。但他說這話時，眼神飄向窗外，沒看著我。我請他試著改成說：「我『不想』參加運動會。」他原本不願意，在我鼓勵下說了兩遍，第二遍聲量變小有點哽咽，然後他紅了眼眶看著我說：「我怎會不想，我好想，我大四了呢，本想拚個好成績……」

8. 心理師探問與深究事件之細節與當下場景人物——「重建現場」有機會讓當事人重看當時狀況，而感受到情緒。即使當事人沒能體會到情緒，心理師在傾聽他描述的過程中，也比較能「感同身受」到當事人可能有的情緒。不過，要注意過大或不可能看到正向意義的創傷經歷，如《華燈初上》劇中男主角之一的江翰，出生沒幾天就被遺棄在育幼院的門口，像這樣的事，則不宜也不必「重建現場」。

9. 運用具象化或隱喻化方式描述當事人感受，或以具象化讓當事人親身體驗，以引出情緒。

10. 書寫：請當事人在家寫信給與他有情緒糾結的對象，或寫給自己的內在小孩，或某個特質，帶來諮商室，讀出所寫的信。

11. 善用藝術媒材：請當事人在家中或諮商室裡畫畫，或創作一些與情緒經驗有相關的事件或主題，再讓當事人描述其創作過程或其畫作，也可以請當事人「成為」其作品或作品中的一部分，來敘說經歷。有個小四的個案，他畫他的家，但畫中只有家具沒有人。我請他「成為」畫作中一個放在角落的小板凳。這孩子因此把自己在家被忽視和孤單的感覺都投射到這板凳上。

12. 討論當事人提到的夢，尤其夢的內容是有情緒的。

13. 靈活運用完形諮商的經典技術——空椅法。7

「不健康的原級情緒」的分辨

本章第二節曾談過不健康的原級情緒——情緒反應強度過大與引發刺激不符，主要由以下兩因素所造成：一是情緒累積而一起爆發出來的情緒反應；二是當下刺激同時引出過去相關的情緒經驗。後者是較常出現的情形。

首先引導當事人保持覺察：現在面對的事件和自己被引發的情緒，在強度上是否相對應？

如發現事件的大小和情緒強度不對等，情緒強度太大，仍需先「全然接納」當下的強烈情緒，但試著引導當事人思考下列問題：

釐清現在所發生事件的狀況，這事情實際對自己的威脅或危險是什麼？過去有哪些經歷也產生相類似的情緒？或這樣的情緒之前何時也有過？在此，應可以區辨是否為累積的情緒事件，若是累積而來的過大情緒反應，則另行處理。

再讓當事人述說這情緒中的情緒性話語來聯想，以找到關鍵線索。

例如，有位學生，同寢室的好友沒經過她同意借用了她的洗面乳，又在公共浴室忘了拿回來而弄丟了。理智上她知道，以她們倆的交情這是小事，好友也表示抱歉，並承諾會買新的還她。但她卻異常地生氣，久久不能釋懷。我引導她回顧當時生氣所閃過的念頭，其中一句是「怎麼可以不經我同意，隨便丟掉我的東西！」這句話的內容和此次事件不太符合。我就此再探究：誰曾隨意亂丟掉你的東西？於是，過往被母親丟掉她費盡心思所蒐集的偶像資料事件，才被帶了出來。

在幫當事人找到引發不符現實的大情緒其實來自過往經歷之後，心理師仍需要評估當下的時間、當事人的自我能量強度等因素，再決定是否立即處理過往的未竟經驗。但這至少可讓當事人明白，現在的事件並沒有這麼大的威脅，情緒可回到單純此時此刻的健康原級情緒。

若不健康原級情緒是情緒累積而來，要探討的便是那不斷重複的事件對當事人的影響，以及之前每次隱忍下的理由，進而再討論更適宜的反應方式。當然，常常會不斷重複發生的情緒刺激，多與身邊的人際關係有關，必要時，須面對此相關議題。

遇到重大危機而產生強烈情緒

遭遇過大的挑戰，其情緒必然強烈且混亂。若要能有較好的因應方式，勢必要試著走下列的過程：

我們面對自己這樣的狀態時，仍是以全然接納為主。在相對安全的環境中（至少引發此情緒的相關刺激——人、事、物，均不在場），首先，需謙卑地「承認」和接受自己已無法掌控內在澎湃洶湧的情緒，並試著用自己熟悉的方法，讓情緒有暫時抒發和宣洩的出口。陪伴當事人時亦然。

引導當事人抒發情緒，慢慢能去承認事情已然發生，需要面對和接受事情所引發的情緒。再帶領他將「主體性自我」和「情緒自己」拉開些距離。透過一些方式使「主體性自我」能去「看見」那被情緒淹沒的自己。接著，再試著運用自我對話，對話內容以照顧情緒的自己為主。

當當事人情緒較為平穩些時，讓當事人回應以下問題，進行內在覺察：

- 我正經歷著什麼？
- 它們的真實性為何？哪些是事實？哪些是我擔憂的想像？
- 這些狀況中，我最擔憂的是什麼？
- 我的核心需求是什麼？想要有什麼樣的「結果」？我的底線是什麼？
- 哪些是我可以或必須先「放下」的？
- 哪些是已經發生而必須「接受」的事實？
- 若有相衝突的幾種「需求」，何者較為重要？所謂相衝突的需求，指A與B都是我們很渴望獲得滿足的需求，但滿足了A需求，B需求就一定無法滿足。

- 當事人自我評估現在有能力因應這狀況嗎？可以做的有哪些？

通常以這些「問題」多次探索與梳理，就能更清楚當事人在危機下的內在狀態。當然，這過程不是一蹴可及的，當事人若太痛就退開；一次不成，有適當時機再試。

接下來，可開始協助當事人去評估其所處的外在形勢。必須盡快搜尋多元且正確的環境資訊。這部分心理師也可較積極的提供適當的資源供參考，甚至轉介相關的專家諮詢，如律師、醫師等。

大挑戰來臨時，有時伴隨著時間的壓力，心理師也要能把握時間。相較一般的諮商，主動性和指導性可能需要高一點。

若是自我處理，趁著情緒緩和下來的短暫時機（事情沒解決，情緒當然會再起），向內好好地問問自己，一一回應上述同樣的問題。自己一人最好用書寫的方式，這樣才容易讓「理性腦」較為正常的運作。

當過大和強烈的情緒升起，就如海嘯襲來或濃霧籠罩。在濃霧瀰漫的狀況下，最好的選擇自然是靜坐不動，等霧散去，慌亂行動反而危險大增。請相信再大的海嘯和濃霧都是會退去和散開，再強烈的情緒也會慢慢消退。

有些外在危機造成長遠或不可逆的身心傷害，如遭遇嚴重車禍而截肢、財物損失過大而住所被法拍等等，此刻就不只是處理情緒而已了。

情緒過度高漲的因應

當事人哭泣或情緒激動到不再能繼續與心理師互動，甚至無法呼吸，換氣不足，或局部抽筋，心理師必須立即舒緩當事人的情緒，啟動其認知腦。

心理師不須慌張，能及早發現及早處理更佳。

最簡單的方式為呼叫當事人的名字，請當事人抬頭將目光轉向心理師，接著帶領當事人做深而緩的吸氣和呼氣。可能需要依當事人的狀況多重複幾次上述三步驟。若當事人年齡很小，可以問一些簡單的問題，如你叫什麼名字？你讀幾年幾班？你家地址電話等等。當事人若沒太大抗拒也可以抱住他、拍拍他，給予身體上的安撫。

若情緒能緩和一些，可視情況請當事人站起身，穩穩站著，感覺自己腳底和地面的接觸，想像雙腳如樹根般可以吸收大地的養分，透過呼吸感受自己受到大地的滋養。

之後，心理師則與當事人進行認知上的討論，了解當事人剛剛發生什麼事或想到什麼，以及之後遇到這狀況時應如何自我安撫。若當事人因此很害怕自己失控，心理師需要說明情緒的特性，以及可以如何自我覺察，進而預防進入情緒不可控的狀態。

當然，諮商時間還是需要注意。發生的時間若在諮商前半，仍可視當事人恢復狀況，繼續諮商。在後段發生激動情緒，則要謹慎地做此次諮商的結束。

【註釋】

1 若想對情緒狀態更深入了解，請參考：
曹中瑋（2013），《當下，與情緒相遇：諮商心理師的情緒理解與自我生命歷程》，張老師文化。
曹中瑋（2020），《遇見完形的我：用覺察、選擇、責任與自己和好，解鎖人生難題》，究竟出版社，第四章〈好好面對情緒〉，頁156-201。
曹中瑋（2020），《完形講堂：成為情緒的主人》（線上課程六講），旭立文教基金會。

2 葛林堡（Greenberg, L.S., 2006），《情緒焦點治療》（鍾瑞麗、曾琼蓉譯），頁61-84，天馬文化。

3 親疏性（與他人心理的接近）是影響「妒忌」情緒的三個因素之一。指當兩個人的關係越親近，越容易因為「比較」而產生妒忌情緒。而兩人關係疏遠、不親近，如我不認識或不熟悉的人，不論在哪方面有了很好的表現，都較不容易激起我妒忌的感覺。

4 想更理解和處遇嫉妒／妒忌情緒，可參考我另本書：曹中瑋（2020），《遇見完形的我》中〈嫉妒是種什麼樣的情緒？〉，頁 175-183。

5 張春興（2006），《張氏心理學辭典》。東華書局，頁 678。

6 同上，頁 336。

7 空椅法的運用，可參考我的另一部著作：曹中瑋（2009），《當下，與你真誠相遇》的第六章，頁 145-167。

【後記】

無止盡的修練與傳承

終於，完成了對我自己的期許——不只我自己可以走到目的地，更盼說出如何抵達。這本書是由我這四十幾年來諮商、督導和訓練的所有經驗淬煉而成的。寫完它的同時，我也有種耗盡畢生功力，鞠躬盡瘁死而後已的壯烈感。

我對於自己真能有系統地完成這本書，仍有點不可置信的恍惚感。畢竟心理諮商是門博大精深的學門，每位與我們相遇的個案和他們的人生困境也是獨一無二的。影響諮商工作的變數太多，讓理論與實務工作的鴻溝難免大於其他的專業學門，我們心理助人工作者到底要修練自我和專業知能到何種程度，才能「夠好」地展現專業而好好地「懂得的陪伴」每位個案？

這真的很難回答，怎麼寫都不夠。於是，在要寫這篇後記的前兩天，我做了一個夢：

夢中像在一個聚會場景，我負責做一道涼拌菜，我用了七八樣食材，且每樣都很費刀工地切成細絲。但完成後，嚐起來味道卻不如想像中的美味。請來兩位夥伴幫忙試吃出意見，一位認為該多加點醋，不愛吃酸的我否決了；另一位則認為味道還不錯，不必再加什麼了……

我不是很開心，這道菜花了這麼多功夫，看起來色彩繽紛挺好吃的樣子，卻總覺得少了點什麼，甚至不想端出去分享……

夢境突然轉到另一個類似個案研討的會場，幾位心理助人工作者討論著一對伴侶的關係議題。我指出妻子雖寫出願意接受先生所提議的「開放性關係」之觀點，但其中一、兩個詞語其實是充滿不安的。若妻子或先生真的發生了和其他人的性關係，兩人的婚姻關係可能會受到衝擊（夢中我還拿著妻子寫的那份文字稿）……大家看法不一，七嘴八舌地爭論著。我心想，人們內心深處的真實想法總是複雜矛盾，局外人可能討論不出所以然……

我被鬧鐘叫醒，夢就在此停住了。當時躺在床上回想著夢境，感到既驚訝又神奇！這夢的前半段，不就是我交出這本書稿，這幾個月不斷思考、修改、焦慮不安的心境嗎？

而夢的後半段，似乎象徵著我在寫作過程該如何述說的難處。其中很多相關議題的討論，如心理師權力的運用，個人經驗和價值觀的影響，引導甚至指導性的強度，還有能否提供個案建議，以及什麼才是夠好的諮商關係……等，都沒有絕對的原則，更不是「可以」或「不可以」這樣簡單的答案能夠回應的。不管是實際運作的各種諮商方法，或面對情緒的複雜多變，心理助人工作者都非常需要因時制宜、因人而異地去因應。這種難以預測與掌控的情境，又如何能用文字說得清楚？

我想，我只能盡己之力呈現我認為做好諮商工作需要注意的觀點和做法，期盼能協助心理師在專業路途上，當感覺自己付出許多努力，持續接受督導與專業進修，卻還是在實務工作中因各種困難與挑戰而挫折不安時，能有這本書作為參考，不再被焦慮填滿，並重新定位自我，整合新的工作方向。

我喜歡將諮商工作比喻為練武功。練武功同時需要在內功和劍術（或其他武學法門）上下功夫，一方面不斷增進內力的深厚度，另一方面也勤於練習劍術，以達到人劍合一、出神入化的境界。這是一段持續不間斷的漫長過程，一定急不得，需耐心面對。試想，即使是武學大師，每天總還會安排固定時間練上一回，並找功力相當的高手挑戰切磋，永不停歇，不是嗎？因此，我也期待每位心理師在專業養成路途上，一方面要不斷練習，另一方面也要不心急，不要輕易因工作挫折而自我否定，反而要將挫折視為養分，漸漸成長。

常有人問我，心理諮商工作不容易，要承受那麼多別人的痛苦和難解的課題，壓力很大，我是怎麼堅持下來的？

我想，支持我堅持下去的除了我對人性的相信之外，也因為我真心體會到諮商是份難得的幸福工作！這世上有什麼工作能與人有如此深刻的心靈交流？有什麼工作可以被他人如此信任與交心？透過與個案生命故事的交融，我們又能不斷督促自己面對自我，修練自我，豐厚人生經歷，品嘗人生百態，感受一起突破困難而成長的喜悅。這是一份充滿意義感的工作，尤其對現今多元紛亂的社會貢獻很大，我們千萬不能妄自菲薄！

事實上，透過這樣有系統的書寫，收穫最是豐盛的是我自己——我將我的「個人諮商理論」整理得更為清楚、完整了；我更知道自己在做些什麼、何以如此做；我似乎也逐漸可以掌握並說出使諮商具有效能的各式機轉。我想，我的傳承大願得以在我有生之年更好地繼續實踐完成。

我很欣慰能做出一道也許不完美，但食材豐富多元、色彩繽紛的菜餚，適合在這溽暑時分端上桌給大家享用。我期待這本書能鼓舞每位後進，能提醒你們不忘初衷，不畏艱難，因堅持從事心理助人工作而感受生命的美麗！

【附錄】

延伸閱讀

- 《遇見完形的我：用覺察、選擇、責任與自己和好，解鎖人生難題》（2020），曹中瑋，究竟。
- 《當下，與情緒相遇：諮商心理師的情緒理解與自我生命歷程》（2013），曹中瑋，張老師文化。
- 《當下，與你真誠相遇：完形諮商師的深刻省思》（2009），曹中瑋，張老師文化。
- 《靈性的呼喚：十位心理治療師的追尋之路》（2017），呂旭亞、曹中瑋等，心靈工坊。
- 《死亡與生命手記：關於愛、失落、存在的意義》（2021），歐文・亞隆，瑪莉蓮・亞隆（Irvin D. Yalom, Marilyn Yalom），心靈工坊。

- 《生命的禮物：給心理治療師的85則備忘錄》（2021），歐文・亞隆（Irvin D. Yalom），心靈工坊。
- 《成為我自己：歐文・亞隆回憶錄》（2018），歐文・亞隆（Irvin D. Yalom），心靈工坊。
- 《一日浮生：十個探問生命意義的故事》（2015），歐文・亞隆（Irvin D. Yalom），心靈工坊。
- 《成為一個人：一個治療者對心理治療的觀點》（2014），卡爾・羅哲斯（Carl Rogers），左岸文化。
- 《過度努力：每個「過度」，都是傷的證明》（2021），周慕姿，寶瓶文化。
- 《不順意的日子，順心過》（2020），佩瑪・丘卓（Pema Chödrön），心靈工坊。
- 《快思慢想》（2018），丹尼爾・康納曼（Daniel Kahneman），天下文化。
- 《與老子笑弈人生這盤棋》（2015），王溢嘉，有鹿文化。
- 《莊子陪你走紅塵》（2012），王溢嘉，有鹿文化。
- 《受傷的醫者：心理治療開拓者的生命故事》（2014），林克明，心靈工坊。
- 《共時性：自然與心靈合一的宇宙》（2012），約瑟夫・坎伯瑞（Joseph

Cambray），心靈工坊。

- 《榮格的30個夢：心靈大師的自我療癒》（2022），李孟潮，心靈工坊。
- 《照護的靈魂：哈佛醫師寫給失智妻子的情書》（2020），凱博文（Arthur Kleinman），心靈工坊。
- 《生命轉化的技藝學》（2018），余德慧，心靈工坊。
- 《勇氣與自由》（2008），楊蓓，心靈工坊。

故事・知識・權力【敘事治療的力量】（全新修訂版）

作者：麥克・懷特、大衛・艾普斯頓　審閱：吳熙琄　譯者：廖世德　校訂：曾立芳　定價：360元

一九八〇年代，兩位年輕家族治療師懷特與艾普斯頓，嘗試以嶄新思維和手法，克服傳統心理治療的僵化侷限，整理出這名為「敘事治療」的新療法的理論基礎與實作經驗，寫出本書。

故事・解構・再建構

【麥克 ・ 懷特敘事治療精選集】

作者：麥克・懷特　譯者：徐曉珮
審閱：吳熙琄　定價：450元

敘事治療最重要的奠基者，麥克・懷特過世後，長年的工作夥伴雪莉・懷特邀請世界各地的敘事治療師推薦心目中懷特最具啟發性的文章，悉心挑選、編輯，集結成本書。

敘事治療三幕劇

【結合實務、訓練與研究】

作者：吉姆・度法、蘿拉・蓓蕊思
譯者：黃素菲　定價：450 元

本書起始為加拿大社會工作者度法與蓓蕊思的研究計畫，他們深受敘事治療大師麥克・懷特啟發，延續其敘事治療理念，並融合後現代思潮，提出許多大膽而創新的觀點。

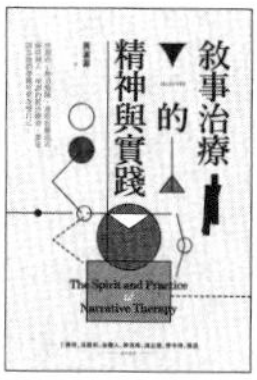

敘事治療的精神與實踐

作者：黃素菲　定價：560 元

本書作者黃素菲教授以15年來深耕敘事心理學研究、教學及實務的經驗，爬梳敘事治療大師們的核心思想，並輔以圖表對照、華人案例及東方佛道思想，說明敘事治療的核心世界觀，讓奠基於西方後現代哲學的敘事理論讀來舉重若輕。

醞釀中的變革

【社會建構的邀請與實踐】

作者：肯尼斯・格根
譯者：許婧　定價：450元

作者站在後現代文化的立場，逐一解構現代文化的核心信念，正反映當代社會的劇烈變革，以及社會科學研究方法論的重大轉向。這本書為我們引進心理學的後現代視野，邀請我們創造一個前景更為光明的世界。

翻轉與重建

【心理治療與社會建構】

作者：席拉・邁可納米、肯尼斯・格根
譯者：宋文里　定價：580 元

對「社會建構」的反思，使心理治療既有的概念疆域得以不斷消解、重建。本書收錄多篇挑戰傳統知識框架之作，一同看見語言體系如何引導和限制現實、思索文化中的故事如何影響人們對生活的解釋。

關係的存有

【超越自我・超越社群】

作者：肯尼斯・格根
譯者：宋文里　定價：800 元

主流觀念認為，主體是自我指向的行動智者，但本書對這個啟蒙時代以降的個人主義傳統提出異議，認為我們必須超越將「個體人」視為知識起點的理論傳統，重新認識「關係」的優先性：從本質上來說，關係才是知識建構的場所。

開放對話・期待對話

【尊重他者當下的他異性】

作者：亞科・賽科羅、湯姆・艾瑞克・昂吉爾
譯者：宋文里　定價：400 元

來自心理學與社會科學領域的兩位芬蘭學者，分別以他們人際工作中長期累積經驗，探討對話的各種可能性及貫徹對話作法的不同方式。這讓本書展開了一個對話精神的世界，邀請我們虔心等候、接待當下在場的他者。

心靈工坊 PsyGarden

對於人類心理現象的描述與詮釋
有著源遠流長的古典主張，有著素簡華麗的現代議題
構築一座探究心靈活動的殿堂
我們在文字與閱讀中，尋找那奠基的源頭

重讀佛洛伊德

作者：佛洛伊德　選文、翻譯、評註：宋文里　定價：420 元

本書選文呈現《佛洛伊德全集》本身「未完成式」的反覆思想鍛鍊過程。本書的精選翻譯不僅帶給我們閱讀佛洛伊德文本的全新經驗，透過宋文里教授的評註與提示，更帶出「未完成式」中可能的「未思」之義，啟發我們思索當代可以如何回應佛洛伊德思想所拋出的重大問題。

生命轉化的技藝學

作者—余德慧　定價—450 元

本書由余德慧教授在慈濟大學宗教與人文研究所開設之「宗教與自我轉化」的課程紀錄整理而成。藉由《流浪者之歌》、《生命告別之旅》、《凝視太陽》等不同語境文本的閱讀，余教授帶領讀者深入探討改變的機轉如何可能，並反思、觀照我們一己生命脈絡中的種種轉化機緣。

宗教療癒與身體人文空間

作者：余德慧　定價：480元

本書探討並分析不同的修行實踐，包括靜坐、覺照、舞動、夢瑜伽等種種宗教修行的法門，而以最靠近身體的精神層面「身體的人文空間」的觀點去研究各種修行之道的「操作平台」。這本書是余德慧教授畢生對於宗教療癒的體會及思索，呈現其獨特的後現代視域修行觀。

宗教療癒與生命超越經驗

作者：余德慧　定價：360元

余德慧教授對於「療癒」的思索，從早期的詮釋現象心理學，到後來的身體轉向，研究思路幾經轉折，最終是通過法國後現代哲學家德勒茲「純粹內在性」的思想洗禮，發展出獨特的宗教療癒論述。其宗教療癒與生命超越路線，解除教門的教義視野，穿越不同認識論界線，以無目的之目的，激發讀者在解疆域後的遊牧活動，尋找自身的修行療癒之道。

沙灘上的療癒者【一個家族治療師的蛻變與轉化】

作者：吳就君　定價：320元

《沙灘上的療癒者》是吳就君回首一生助人歷程的真情記錄。全書分為三部分，第一部呈現一位助人工作者不斷反思和蛻變的心路歷程。第二部強調助人工作最重要的核心：與人接觸、一致性、自我實踐。第三部提出家族治療師的全相視野：重視過程、看見系統、同時具備橫向與縱向的發展史觀。

輕舟已過萬重山【四分之三世紀的生命及思想】

作者：李明亮　定價：450元

既是醫生、也是學者，更是推動國家重要醫療政策的官員，走過四分之三個世紀，李明亮卻說自己始終是自由主義的信徒。本書不僅描述了他的成長境遇、人生體悟、教育思想與生命觀念，更侃侃道來他從最初最愛的哲學出發，朝向醫學、生物學、化學，再進入物理、數學，終歸又回到哲學的歷程，淡泊明志中可見其謙沖真性情。

瘋狂與存在【反精神醫學的傳奇名醫R.D. Laing】

作者：安德烈．連恩　譯者：連芯　定價：420元

集反精神醫學的前衛名醫、叛逆的人道主義者、抽大麻的新時代心靈導師、愛搞怪的瑜伽修士、失職的父親、生活混亂的惡漢與酒鬼於一身， R.D. Laing被譽為繼佛洛伊德、榮格之後最有名的心理醫生，他的反叛意識和人道主義觀點，深深影響了一整個世代的年輕治療師。

品德深度心理學

作者：約翰．畢比　譯者：魯宓　定價：280元

完善的品德，經得住時間的考驗，也是一種持續而專注的快樂。當個人的品德在醫病關係中發展時，病患與治療師也能在過程中分享與互動。這也是所有深度心理治療的基礎。

大地上的受苦者

作者：弗朗茲．法農　譯者：楊碧川　定價：400元

弗朗茲・法農認為種族主義並非偶發事件，而是一種宰制的文化體系，這種體系也在殖民地運作。若是不看清統治文化所帶來的壓迫效應與奴役現象，那麼對於種族主義的抗爭便是徒然。

心靈工坊 PsyGarden

對於人類心理現象的描述與詮釋
有著源遠流長的古典主張，有著素簡華麗的現代議題
構築一座探究心靈活動的殿堂
我們在文字與閱讀中，尋找那奠基的源頭

青年路德【一個精神分析與歷史的研究】

作者：艾瑞克．艾瑞克森　譯者：康綠島　審訂：丁興祥　定價：600 元

艾瑞克森因提出「認定危機」與「心理社會發展論」名響於世，這本《青年路德》是他的奠基之作，也可謂跨越史學與心理學的開創性鉅作。艾瑞克森用自己開創的理論重新解析十六世紀掀起宗教革命的馬丁・路德，刻畫了一個苦惱於自己「該是什麼樣的人」而瀕於崩潰的青年，如何一步步被心理危機推向世人眼中的偉大。

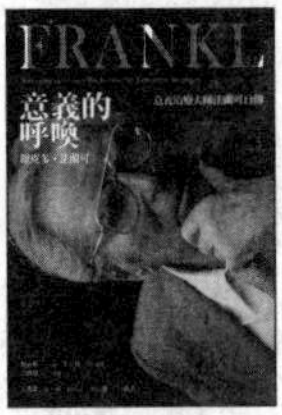

意義的呼喚【意義治療大師法蘭可自傳】（二十週年紀念版）

作者：維克多．法蘭可　譯者：鄭納無　定價：320 元

本書是意義治療大師法蘭可九十歲時出版的自傳。法蘭可繼佛洛伊德、阿德勒之後開創「第三維也納治療學派」，而他在集中營飽受摧殘，失去所有，卻在絕境中傾聽天命召喚而重生，進而開創「意義治療」，這一不凡的人生歷程帶給世人的啟發歷久彌新，讓人深深反思自身存在的意義。

逃，生【從創傷中自我救贖】

作者：鮑赫斯．西呂尼克　譯者：謝幸芬、林説俐　定價：380元

法國心理學家西呂尼克回顧二戰期間猶太屠殺帶來的集體創傷，及身為猶太後裔的成長歷程，並以心理學角度看待受創的兒童如何展現驚人的心理韌性，與外在世界重新連結。作者在本書中展現了勇氣的例證、慷慨的精神，任何因遭逢迫害而失語緘默、迴避痛苦、佯裝樂觀的個人或群體，都能從本書中得到啟示和鼓舞。

精神醫學新思維

【多元論的探索與辯證】

作者：納瑟．根米　譯者：陳登義　定價：600元

全書共24章三大部，從部一理論篇、部二實務篇，到部三總結篇，帶領讀者完整探究了精神醫學這門專業的各個面向，並建議大家如何從多元論的角度來更好地瞭解精神疾病的診斷和治療。

榮格心理治療

作者：瑪麗-路薏絲．馮．法蘭茲譯者：易之新　定價：380元

榮格心理學實務最重要的著作！作者馮．法蘭茲是榮格最重要的女弟子，就像榮格精神上的女兒，她的作品同樣博學深思，旁徵博引，卻無比輕柔，引人著迷，讓我們自然走進深度心理學的複雜世界。

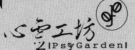

心靈工坊 PsyGarden
Master 082

懂得的陪伴：一位資深心理師的心法傳承

The Power of Understanding and Being:
A mindset from a senior counseling psychologist

曹中瑋—著

出版者—心靈工坊文化事業股份有限公司
發行人—王浩威　總編輯—徐嘉俊
執行編輯—趙士尊　封面設計—黃怡婷
內頁排版—龍虎電腦排版股份有限公司
通訊地址—10684 台北市大安區信義路四段 53 巷 8 號 2 樓
郵政劃撥—19546215　戶名—心靈工坊文化事業股份有限公司
電話—02）2702-9186　傳真—02）2702-9286
Email—service@psygarden.com.tw
網址—www.psygarden.com.tw

製版・印刷—彩峰造藝印像股份有限公司
總經銷—大和書報圖書股份有限公司
電話—02）8990-2588　傳真—02）2290-1658
通訊地址—248 新北市新莊區五工五路二號
初版一刷—2022 年 8 月　初版八 刷—2024 年 1 月
ISBN—978-986-357-246-6　定價—480 元

國家圖書館出版品預行編目 (CIP) 資料

懂得的陪伴：一位資深心理師的心法傳承 / 曹中瑋著 .
-- 初版 . -- 臺北市：心靈工坊文化事業股份有限公司，2022.08
面；　公分 . -- (Master ; 82)

ISBN 978-986-357-246-6（平裝）

1.CST: 心理諮商

178.4　111012077

心靈工坊 PsyGarden 書香家族 讀友卡

感謝您購買心靈工坊的叢書，爲了加強對您的服務，請您詳塡本卡，
直接投入郵筒（免貼郵票）或傳眞，我們會珍視您的意見，
並提供您最新的活動訊息，共同以書會友，追求身心靈的創意與成長。

書系編號—Master 082　　書名—懂得的陪伴：一位資深心理師的心法傳承

姓名　　是否已加入書香家族？□是　□現在加入

電話 (O)　　(H)　　手機

E-mail　　生日　　年　　月　　日

地址 □□□

服務機構　　職稱

您的性別—□1.女　□2.男　□3.其他

婚姻狀況—□1.未婚　□2.已婚　□3.離婚　□4.不婚　□5.同志　□6.喪偶　□7.分居

請問您如何得知這本書？

□1.書店　□2.報章雜誌　□3.廣播電視　□4.親友推介　□5.心靈工坊書訊
□6.廣告DM　□7.心靈工坊網站　□8.其他網路媒體　□9.其他

您購買本書的方式？

□1.書店　□2.劃撥郵購　□3.團體訂購　□4.網路訂購　□5.其他

您對本書的意見？

□ 封面設計　1.須再改進　2.尚可　3.滿意　4.非常滿意
□ 版面編排　1.須再改進　2.尚可　3.滿意　4.非常滿意
□ 內容　1.須再改進　2.尚可　3.滿意　4.非常滿意
□ 文筆／翻譯　1.須再改進　2.尚可　3.滿意　4.非常滿意
□ 價格　1.須再改進　2.尚可　3.滿意　4.非常滿意

您對我們有何建議？

□本人同意＿＿＿＿＿＿（請簽名）提供（真實姓名/E-mail/地址/電話/年齡/等資料），以作為心靈工坊（聯絡/寄貨/加入會員/行銷/會員折扣/等之用，詳細內容請參閱http://shop.psygarden.com.tw/member_register.asp。

廣　告　回　信
台北郵政登記證
台北廣字第1143號
免　貼　郵　票

心靈工坊 PsyGarden

10684台北市信義路四段53巷8號2樓

讀者服務組　收

免　貼　郵　票

（對折線）

加入心靈工坊書香家族會員
共享知識的盛宴，成長的喜悅

請寄回這張回函卡（免貼郵票），
您就成爲心靈工坊的書香家族會員，您將可以——

⊙隨時收到新書出版和活動訊息

⊙獲得各項回饋和優惠方案